CONFESIONES DE UM SUICIDA

PSICOGRAFÍA DE
MARIA NAZARETH DÓRIA

POR EL ESPÍRITU
HELENA

Traducción al Español:
J.Thomas Saldias, MSc.
Trujillo, Perú, Enero, 2024

Título Original en Portugués:

"Confissões de um suicida"

© Maria Nazareth Dória, 2015

Traducido de la 7ᵐᵃ Edición Portuguesa, Febrero 2023

World Spiritist Institute

Houston, Texas, USA

E-mail: contact@worldspiritistinstitute.org

Sobre la Médium:

La médium Maria Nazareth Dória nació el 28 de febrero en Canhoba, en el interior del estado de Sergipe, más precisamente en una aldea indígena. Allí permaneció hasta los 9 años, cuando se matriculó en un internado de monjas en la capital, Aracaju, completando sus estudios hasta la escuela secundaria.

A los 17 años, se casó y se mudó a São Paulo. Tuvo dos hijas. Durante este período, continuó sus estudios y comenzó su carrera profesional, trabajando durante 30 años, de los cuales 22 años trabajó como empleada de Petrobras, compañía en la cual se jubiló.

La mediumnidad de Maria Nazareth Dória se manifestó desde una edad temprana, alrededor de los 7 años. Como descendiente de indios, Nazareth siempre fue orientada sobre la existencia de la vida espiritual y la importancia de la naturaleza en nuestras vidas, especialmente en el campo de la medicina alternativa. Gracias a este aprendizaje, Maria Nazareth Dória se ha dedicado hoy exclusivamente a actividades espirituales y a la investigación de plantas medicinales, obteniendo excelentes resultados alternativos con esencias naturales.

Ella ha sido fundadora y directora de una institución sin fines de lucro hace más de 20 años, sirviendo y guiando a cientos de personas (incluidos jóvenes), con el apoyo de médicos, dentistas, abogados, enfermeras, psicólogos y maestros. La asistencia a la población necesitada se extiende en varias áreas, desde el apoyo a las necesidades básicas de la familia hasta el trabajo de afirmar la ciudadanía de quienes viven al margen de la sociedad.

Además de las actividades filantrópicas, Maria Nazareth Dória ha impartido cursos y conferencias sobre la Doctrina Espírita y ha ejercido su mediumnidad durante más de 30 años, psicografiando varias novelas sobre el mundo espiritual, mensajes de autoayuda y pensamientos espirituales, especialmente desde la perspectiva de la Ley de Acción y La reacción, uno de los pilares básicos de las enseñanzas traídas por amigos de más allá que trabajan con la médium.

Del Traductor

Jesus Thomas Saldias, MSc., nació en Trujillo, Perú.

Desde los años 80's conoció la doctrina espírita gracias a su estadía en Brasil donde tuvo oportunidad de interactuar a través de médiums con el Dr. Napoleón Rodriguez Laureano, quien se convirtió en su mentor y guía espiritual.

Posteriormente se mudó al Estado de Texas, en los Estados Unidos y se graduó en la carrera de Zootecnia en la Universidad de Texas A&M. Obtuvo también su Maestría en Ciencias de Fauna Silvestre siguiendo sus estudios de Doctorado en la misma universidad.

Terminada su carrera académica, estableció la empresa *Global Specialized Consultants LLC* a través de la cual promovió el Uso Sostenible de Recursos Naturales a través de Latino América y luego fue partícipe de la formación del **World Spiritist Institute**, registrado en el Estado de Texas como una ONG sin fines de lucro con la finalidad de promover la divulgación de la doctrina espírita.

Actualmente se encuentra trabajando desde Perú en la traducción de libros de varios médiums y espíritus del portugués al español, habiendo traducido más de 290 títulos, así como conduciendo el programa "La Hora de los Espíritus."

Índice

PALABRAS DE LA MÉDIUM 9
CAPÍTULO 1 13
   La Desilusión 13
CAPÍTULO 2 20
   Viaje sin Retorno 20
CAPÍTULO 3 31
   La Nueva Morada 31
CAPÍTULO 4 41
   Un castigo llamado Tiago 41
CAPÍTULO 5 53
   La gran revelación 53
CAPÍTULO 6 62
   El Descubrimiento 62
CAPÍTULO 7 71
   La gran misión 71
CAPÍTULO 8 78
   Buenas noticias 78
CAPÍTULO 9 84
   La familia 84
CAPÍTULO 10 89
   La sonrisa de un ángel 89
CAPÍTULO 11 102
   El premio 102
CAPÍTULO 12 112
   La batalla 112
CAPÍTULO 13 118

La espera..118
CAPÍTULO 14..126
El gran aprendizaje...126
CAPÍTULO 15..134
Las grandes revelaciones.......................................134

Con mucha gratitud dedico este trabajo a los mentores espirituales que han ayudado en la evolución del planeta y a todos los colaboradores del Maestro Jesús.

Y también mis hijas, Eliane Dória Maeda, Carla Cristina Dória y Lya Dória Maeda, y Boanéris Silva, mi compañera de viaje.

PALABRAS DE LA MÉDIUM

Los sufrimientos y las pruebas vividas en la Tierra llevan a miles de personas a cometer daños irreparables en sus vidas. Lo que les falta a estas personas no se vende ni se compra en centros comerciales. Estas riquezas las encontramos en hogares sencillos y las recibimos gratuitamente de manos de seres humildes que con gran alegría nos regalan las fuerzas llamadas amor, fe y esperanza.

¡Somos responsables de la educación religiosa de nuestros hijos si recibimos a los hijos de Dios en nuestros brazos en la Tierra, nuestra astucia es mostrarles a estos pequeños seres encarnados desde una edad temprana quién es en realidad nuestro verdadero Padre!

No tenemos derecho a exigir que nuestros hijos, cuando sean adultos, sigan nuestra religión. Sin embargo, debemos prepararlos y hacerlos conscientes de la existencia de la vida espiritual y de la Ley de Acción y Reacción.

En este libro descubriremos qué le pasó a un hermano que vino con una gran misión, pero terminó violando las Leyes del Padre Mayor, incurriendo en una deuda muy grande.

Analizando su historia nos preguntamos: ¿qué le faltaba? ¿Instrucción espiritual? ¿Incentivo familiar? ¿Buena voluntad? ¿Por qué se desvió de sus propósitos?

Este hermano nos señala una de las salidas más comunes entre los necios es: ¡el suicidio!

Cuando nos desviamos de los caminos de la fe, intentamos resolver nuestros problemas personales utilizando la Ley del Libre Arbitrio de forma brutal y cruel, pero es en los momentos difíciles de nuestras vidas cuando la religión es la luz que nos sostiene.

Nuestra vida en cuerpo carnal es un regalo de Dios, por lo que no tenemos derecho a ponerle fin, aunque por desconocimiento e irresponsabilidad muchas personas todavía creen que acabando con su vida alcanzarán la paz tan deseada...

¡Qué error! Seguiremos teniendo y sintiendo las mismas emociones; la muerte del cuerpo físico no nos liberará de las responsabilidades asumidas con Dios. ¡La muerte no existe! Simplemente pasamos de un lado a otro, dejamos atrás un cuerpo físico, un fruto que involucra la semilla que está dentro de nosotros: el espíritu.

Como nos enseñaron los mentores espirituales, el hombre se suicida de diversas maneras: bebiendo, consumiendo drogas, arriesgando su vida practicando deportes duros e incluso comiendo alimentos inadecuados para el cuerpo, ya que no podemos utilizar todo lo que se ofrece hoy en día en el comercio, necesitamos consumir más alimentos saludables, naturales, reduciendo la cantidad de sustancias químicas en nuestro organismo, lo que nos libera de muchos dolores.

La vida moderna es otro factor peligroso para quienes disfrutan de la libertad sin responsabilidad: pueden contraer enfermedades sexuales, por ejemplo.

En definitiva, hay cientos de caminos que llevan al hombre a cometer estas locuras. Sin pensar en las consecuencias futuras, impulsados por la ignorancia y la falta de una religión en sus vidas, muchos hermanos se suicidan lentamente, comprometiendo la salud de su cuerpo y alma.

Necesitamos ser conscientes y responsables en todas nuestras acciones. Muchos desencarnan creyendo que dejaron grandes legados, pero, de repente, se enfrentan a una pesadilla espiritual, y son transportados a Colonias donde se albergan "suicidas."

Sabemos por nuestros mentores espirituales la rebelión de muchos hermanos al ser informados que son considerados suicidas gritan en defensa: "¡No me suicidé! ¡Hubo un error! ¡Desencarné por causas naturales!"

Luego, en una pantalla grande, se muestran escenas de la vida de estos hermanos, mostrando a los deudores cómo se suicidaron. Cada caso es analizado por representantes de la Ley de Dios. Cada persona tiene su propia frase. Por mucho que estos hermanos se sientan injustificados, el castigo recibido es justo. *No hay injusticia en el designio de Dios, el Padre no castiga, es soberanamente justo y bueno.*

Nuestro cuerpo es una gran herramienta de trabajo que recibimos del Padre para el pulido de nuestro espíritu. No importa cuál sea este cuerpo, en color o forma, nuestra obligación es amarlo, cuidarlo, protegerlo y respetarlo.

Nuestro cuerpo es el templo donde debemos albergar a Dios y a todos los mensajeros que vinieron a instruirnos, mostrándonos el camino correcto hacia la luz y la gran oportunidad que tenemos para resolver nuestras deudas anteriores. Nuestro corazón es una casa inmensa donde podemos recibir, amar, educar, proteger y conducir a la vida a muchos hijos de Dios.

Corresponde a cada persona, entonces, reflexionar sobre el cuidado que está teniendo con su cuerpo y monitorear constantemente su comportamiento, ya que muchas veces prestamos atención a otras personas y nos olvidamos de mirar lo que sucede en nuestro interior.

Analiza tu vida: ¿fue correcto lo que dejaste atrás? ¿Qué practicaron los nacidos en estos caminos? ¿Aun sientes resentimiento por las personas que te ofendieron ayer? Del camino dejado atrás, ¿cuál es la buena experiencia que se puede aplicar al presente?

Reflexionar, analizar, recordar rostros, lugares y palabras: todo esto es muy importante. Coloca la imagen viva de Jesús dentro de ti y alivia cada herida que aun duele dentro de tu corazón - perdónate a ti mismo para comprender qué es el perdón de Dios.

Respira con alegría, borra toda la tristeza que asfixia tu corazón, no crees imágenes negativas en tu mente.

Pon una luz sobre todos los recuerdos tristes que surgen en tu mente y verás cómo la paz que encontramos en esta luz – que se llama Jesús – nos sana de todas las enfermedades espirituales.

Enfrenta todos los problemas con la frente en alto y no temas, porque Dios nunca abandona a sus hijos. Cuando verdaderamente tomamos conciencia de nuestros errores y verdaderamente deseamos cambiar nuestra vida, Dios siempre está con los brazos abiertos para recibirnos con amor; todo depende de nosotros...

Es imperdonable que el hombre pase por este planeta y no haga cualquier cosa por él! Una de las formas de descubrir tu papel en el mundo es hablando con Dios y prestando atención al camino que Él te muestra.

No busques a Dios en las alturas ni entre otras personas que consideres influyentes. Busca a Dios dentro de tu corazón. Él está ahí, únete a otras personas que también hablan con Dios, instruye y motiva a otros hermanos a hacer lo mismo, porque solo así será posible dejar un mundo mejor para nuestros hijos.

CAPÍTULO 1

La Desilusión

Han pasado muchos años...

Estoy de regreso en la Tierra, un momento con el que todos los espíritus sueñan: regresar, volver a ver lugares y personas. El olor a tierra es inolvidable...

No importa lo buenas que sean las Colonias espirituales donde se hospedan los espíritus, los recuerdos y el anhelo que nos llevamos de este maravilloso planeta nunca se desvanecerán.

Caminando de un lado a otro, descubro que todos los que dejé ya se fue sin dejar rastro. Hoy lo único que me queda son recuerdos de aquellos tiempos y nada más. Luego de analizar todo, pude asegurarme que ya había pasado mucho tiempo desde mi partida al plano espiritual.

Fueron esos años dolorosos en los que pasé en el presidio espiritual, pero todo eso no me dolió más que regresar como espíritu libre y darme cuenta de cuánto perdí, de cuánto me alejé de mis seres queridos.

En mi soledad espiritual caminaba por las calles y no era visto por nadie de carne y hueso, ni siquiera por mis hermanos de esta condición aparecían por allí. Era un mundo desértico para mí.

Pasé días caminando entre la multitud, intentando comunicarme con alguien. ¡Era absurdo no ser visto ni oído por nadie! ¿Sería que no había ningún otro espíritu allí además de mí? ¿O sería un castigo no poder verlos y compartir mi vida?

Fui a la orilla del mar, me senté en una roca y observé cómo llegaba un barco trayendo pescadores felices y emocionados, sacando muchos peces de sus redes. Viendo su felicidad comencé a pensar: "¿Dónde están mis padres, mi esposa y mis hijos? ¿Dónde están todos?"

Ninguna voz que responda a mis preguntas... Ninguna pista que pueda llevarme a ellos. Parecía otro mundo allí, no tenía con quién hablar, nadie me escuchaba. Perdí la noción del tiempo y comencé a sentirme cansado y triste.

Sabía que ese era el lugar donde había vivido; el espíritu siempre se siente atraído por el lugar que guarda sus últimos recuerdos. Decepcionado, descubrí que el río del que tantos recuerdos guardaba en mi interior ya no existía. ¿Y los bosques donde hice mis cacerías? ¿Qué hicieron con ellos? El lugar antes era tan verde y boscoso... nada me recordaba lo que era. Se convirtió en calles, edificios y plazas, paneles coloridos, autos y personas compitiendo por espacio en las aceras.

Lo único que encontré allí fue la vieja montaña, pero incluso eso estaba completamente dañado. A su alrededor ahora solo había enormes cráteres. ¡Dios mío, qué ciegos están los hombres!

En lugar de los verdes valles del pasado, decorados por la mano de Dios con la mayor riqueza que es la naturaleza, ahora había edificios, carreteras pavimentadas y millones de vehículos circulando de allá para acá.

Pasé días caminando sin rumbo, con el pecho agitado por el cansancio, y la depresión empezó a apoderarse de mí. ¡Ni siquiera encontré algún espíritu burlón! Ya me arrepentía de haber salido corriendo de la colonia sintiéndome libre. Mi tan esperada libertad me atrapó en una cadena llamada soledad...

Soñé mucho con venir a mi amada Tierra; soñaba con encontrar a mi familia o, al menos, una pista que me llevara hasta ella.

Dejé la colonia espiritual, donde estuve tantos años, con la esperanza de regresar y encontrar a mis seres queridos, pero de repente encontré una nueva realidad. Esto lo descubrí cuando llegué a la Tierra y no pude obtener ni una sola pista de ellos.

El único lugar donde encontraba algo de paz fue era la orilla del mar; ver las olas chocando contra las rocas me calmaba. Los pescadores ya eran mis conocidos, los veía regresar de sus viajes de pesca y hasta sentía celos por no poder trabajar con ellos.

Una tarde, como de costumbre, iba a la orilla del mar, al llegar a la roca donde siempre me sentaba, noté que había alguien mirando en silencio el agua. Me acerqué y lo miré, parecía estar en el mismo plano que y, ¡desencarnado! Noté que el agua les golpeaba la ropa y no la mojaba.

Con cierta alegría pensé: "Parece que encontré a alguien que está viviendo un drama similar al mío." Me alegré porque él me miró, nos saludamos con un movimiento de cabeza y, sin intercambiar una palabra ni un apretón de manos, nos quedamos uno al lado del otro en silencio.

Solo la presencia del otro espíritu me dio ánimo, ya no me sentía tan solo, porque había alguien que me veía, ya no me sentía solo entre la multitud.

Sentados uno al lado del otro, observé que miraba las olas del mar sin pestañear, y de vez en cuando respiraba profundamente. Presté discretamente atención a su cuerpo. Tenía rasgos finos y elegantes, estaba bien afeitado, tenía el pelo liso y vestía finamente.

Solo entonces me di cuenta de mi apariencia, que era terrible comparada con la suya. Yo estaba barbudo, con pelo largo, vestía la misma ropa que recibí cuando salí de la Colonia: pantalón blanco que ya lucía beige, camisa azul y un maletín que no soltaría por nada, ¡porque contenía la prueba de mi libertad condicional!

El Sol se escondía detrás de la montaña. Las olas golpean fuerte las rocas, arrojando agua sobre nosotros, pero los espíritus no se mojan, así que continuamos en la misma posición. La playa empezaba a quedar vacía, los bañistas y los surfistas se iban cuando vimos llegar el barco de los pescadores. Miró el barco sin apartar la mirada.

Prestando mucha atención, me di cuenta que no era un cualquiera: ¿era un guardián del mar? Fuera lo que fuese, ya no estaba solo. Tomé una decisión: "¡Voy a iniciar una conversación con él!" Pronto sabré si es un espíritu libre o si está perdido en el tiempo como yo.

Me di vuelta y dije:

– Veo que no estoy solo, esto me da tranquilidad.

Sin moverse, respondió:

– Pensé que eras mudo. ¡Has estado allí contigo mismo durante horas! Normalmente saludo a la gente cuando la conozco, hablo con ella. Respondí a su saludo simplemente asintiendo con la cabeza, respetando tu forma de comunicarse.

A partir de ahí empezamos a hablar. Le pregunté si era guardián del mar y respondió:

– ¡El guardián del mar es Dios!

Me dijo que le encantaba estar allí. Estaba buscando a alguien de su vida pasada. No encontró a quien buscaba, pero, al final, cumplía una misión que consideraba importante.

Ya estaba oscuro y la playa estaba vacía, solo se escuchaba el sonido del agua yendo y viniendo hasta la orilla del mar.

Pedro – ese fue el nombre con el que se presentó –, volviéndose hacia mí me preguntó:

–¿Donde estas viviendo?

– ¿Yo? En ninguna parte – respondí –. La verdad es que sigo caminando día y noche, no me he detenido en ningún lado.

Luego dijo:

– Bueno, sabes que necesitas recomponerte o terminarás perdiendo toda la energía que aun te queda. ¡Yo me refugio allí! – dijo señalando la cima de una montaña.

– ¿Cómo se llega allí? – Pregunté.

- Volitando.

Me quedé en silencio, pensativo.

-¿No sabes volitar? - Me preguntó.

- ¿Yo? ¡Por supuesto que no, amigo! Soy un espíritu retrasado. Volitar es lo mismo que volar, ¿no? - Le pregunté.

- Es un medio de transporte para el espíritu - respondió -. Yo me transporte y tú deberías hacer lo mismo. Esto no es un privilegio de los espíritus: es una necesidad.

- No aprendí a volitar, Pedro. Me liberaron recientemente. Fui suicida, pasé por la prisión espiritual y también por una gran Colonia de recuperación, y ahora hasta me pregunto si fue bueno haber salido de allí.

- ¿Y por qué dejaste la Colonia si no estabas preparado para afrontar tu vida como un espíritu libre? - Preguntó Pedro.

- ¡Por la misma razón que tú! Vine con la esperanza de reencontrarme con mi familia - respondí.

-¡Me dijiste que eras suicida, yo también lo fui! - Dijo con mirada melancólica -. Fue una navaja que cortó muchas vidas por la mitad.

- Entonces, ¿pasaste mucho tiempo fuera de la Tierra?

- Sí, pasé. Pero todavía tengo la esperanza de encontrar algún rastro de mis seres queridos. Ya busqué en muchos países, pero la última pista que me dieron fue aquí en Brasil.

Ya estaba completamente oscuro, entonces Pedro preguntó:

- Pon tus manos sobre mis hombros, concéntrate en la montaña, yo te llevaré allí. Voy a ayudarte a volitar, porque necesitas hacerlo en la Tierra si quieres sobrevivir.

Y, siguiendo sus instrucciones, pronto me encontré volitando sobre la ciudad, toda iluminada por luces brillantes, con filas de autos y gente corriendo de un lado a otro.

Llegamos a la cima de la montaña y se detuvo suavemente. La sensación fue maravillosa, me sentí ligero como un pájaro. En la cima de la montaña había una choza; me invitó a pasar. En el interior, el ambiente era cálido, limpio y agradable. Comencé a bostezar de sueño.

Pedro cerró los ojos y vi aparecer frente a él dos tazas de café y dos panes humeantes, con un aroma delicioso. ¡Estaba encantado!

– Dios mío, ¿cómo hiciste eso? – Pregunté.

– Ese no es mi privilegio. A medida que pasa el tiempo, descubrirás que necesitas darle forma a lo que necesitas en la Tierra para sobrevivir como espíritu.

Tomamos café y me señaló una cama en un rincón de la cabaña, diciendo:

– Puedes recostarte ahí y descansar todo lo que quieras. Aquí no nos molestan, ten la seguridad. Voy a salir, mañana vuelvo temprano.

Antes de que pudiera preguntarle a dónde iba y si no quería ayuda, se alejó, cerrando la puerta de la cabaña.

Me tumbé en la suave y acogedora cama; el aire cálido de la cabaña me dio muchísimas ganas de dormir. Me moví rápidamente y sólo me desperté al día siguiente, con mi amigo sentado frente a mí sosteniendo dos tazas de café y panecillos aromáticos.

Después de saludarlo le comenté:

– Me dormí enseguida. Realmente no tenía idea de lo que me estaba pasando, no me preocupaba las consecuencias que pudieran venirme.

Me escuchó en silencio, bebió su café, mordió su pan y miró hacia afuera como buscando algo en el horizonte.

– Pedro, ¿crees en Dios? – Le pregunté. Me miró seriamente.

– Yo creo, y tú, ¿no?

– Lo siento, sólo te lo pregunté porque eres un espíritu tan evolucionado que no entiendo por qué estás tan solo aquí.

– ¿Evolucionado? – Dijo con cierta tristeza en sus ojos –. ¿Y estás diciendo que soy evolucionado? Veo que tienes poca experiencia, todavía no sabes diferenciar el blanco del negro... Siéntate, que tenemos muchas cosas de qué hablar.

Y así comenzó una larga conversación entre dos espíritus que buscaban un camino que los llevara de regreso a casa.

En ese momento tuve la seguridad que podía confiar en Pedro; me dio seguridad, me estaba ayudando sin pedir nada a cambio.

Agradecí mucho a Dios por poner a ese hermano en mi camino y me prometí que haría todo lo posible para no molestarlo. Una cosa que siempre tuve fue gratitud por todos los que me extendieron la mano.

CAPÍTULO 2

Viaje sin Retorno

Era una noche de Luna llena. El cielo estaba hermoso, la cima de la montaña estaba iluminada, el viento fresco que venía del mar tocaba suavemente mi rostro. Yo decidí abrir mi corazón al amigo que, sentado en el umbral de la cabaña, me escuchaba en silencio, sin interrumpirme. Mientras hablaba, sentí que me quitaban un gran peso de dentro.

Miré hacia atrás a mi vida pasada, parecía que el tiempo era corto para todo lo que había experimentado. Yo era un niño como cualquier otro hoy en día. Soñador, feliz y confiado. Nací en el campo. Era feliz con mi familia: no teníamos ningún lujo, éramos pobres y trabajadores.

Era granjero como mi padre y mis hermanos. Cosechábamos en invierno y ahorrábamos lo suficiente para cubrir nuestras necesidades en tiempos difíciles. A veces más de dos pasaron años sin que lloviera, pero sobrevivimos a cada sequía sin quedarnos sin alimentos.

A los diecinueve años conocí a Mariana en la boda de mi hermano mayor. Fue amor a primera vista y luego estábamos saliendo y haciendo planes para comprometernos y casarnos. Con la ayuda de mi padre y mis hermanos, construí una pequeña casa en el terreno familiar. El invierno fue genial, era hermoso ver las plantaciones.

Hice cálculos: quitando lo suficiente para sustentarme todavía quedaría una buena parte que podría vender y con este dinero para comprar un caballo y dárselo como regalo a María.

Mi prometida plantó flores alrededor de nuestro futuro hogar. Aunque muy simple, parecía un palacio colorido y perfumado por las flores que florecían en abundancia. Nuestra boda fue en la pequeña iglesia del pueblo donde vivía mi novia y hubo muchos invitados de ambas familias. Se sacrificaron un lechón, un pavo y algunas gallinas para servir a los invitados. No faltó vino o aguardiente. Se contrató a un acordeonista para amenizar la fiesta y los invitados bailaron y se divirtieron a sus anchas. María fue toda una compañera. Trabajó conmigo en el campo, se hizo cargo de la casa e incluso me ayudó a cuidar de nuestros animales. Los fines de semana se ocupaba de la ropa y yo iba a cazar o pescar; esto nos ayudó mucho con la comida.

Un año y medio después nació nuestro primer hijo, ¡un niño precioso! Fue la alegría más grande de mi vida, no podía soportar tantas emociones y lloré sosteniéndolo en mis brazos. Lo llamamos Jonás.

¡La vida era demasiado buena! Me sentí como el hombre más feliz del mundo. Incluso con la falta de agua sobrevivimos, porque el campesino es fuerte y puede soportar muchos sufrimientos.

Pasaron diez años, tuvimos tres hijos. Pero María estaba delgada y pálida, se quejaba de muchos dolores. Había muchos tés, , medicinas de aquí y de allá, pero nada la mejoró.

- Hijitos míos, aun tan pequeños - hablaba de vez en cuando, con los ojos llenos de lágrimas -, cómo me gustaría verlos crecer, pero sé que no los veré. Cuídalos, por el amor de Dios; si me pasa algo rehaz tu vida y encuentra a alguien a quien le gustes tú y nuestros hijos.

Me enojaba y respondía:

- ¡Deja de decir tonterías, mujer! Si Dios quiere llevarse a uno de nosotros, que sea yo, ¡porque no puedo vivir sin ti!

Pero en el fondo temía que pasara algo malo. Ya no tenía el mismo brillo en los ojos, estaba delgada y cansada.

Un día estaba en el campo con mi hijo Jonás cuando llegó una de las niñas, jadeando, llamándome; dijo que su madre se cayó y no se movía. Dejé caer la azada y corrí, con el corazón acelerado, hacia el lugar donde yacía.

Llegué al patio de tierra que rodeaba nuestra casa y vi a María tendida, mi hija de tres años lloraba y la llamaba.

La levanté en mis brazos para llevarla a nuestra habitación. Ella estaba inmóvil, un líquido blanco goteaba por la comisura de su boca, sus ojos estaban abiertos, quietos, parecían contemplar el vacío. Le mojé la cara con agua, le froté las muñecas, mojé un algodón en alcohol y se lo puse en la nariz, pero no daba señales de vida. Fue entonces cuando llegaron mi madre y una vecina. Al examinar a María, la mujer miró a mi madre y negó con la cabeza. Mi madre pasó lentamente su mano por el rostro de María y ella cerró los ojos, como si estuviera durmiendo.

– María ha muerto, hijo mío, y tienes que ser valiente ahora mismo. Tienes a tus hijos que criar y, si Dios así lo quiso, aceptemos su voluntad. Estamos de tu lado.

Me aferré al cuerpo de María y grité entre lágrimas; ya no podía ver nada frente a mí. La casa se estaba llenando de gente, pero yo ni siquiera me acordaba de mis hijos. Solo sentí la tristeza que golpeó mi alma y no paré para pensar en su sufrimiento frente al cadáver de su madre.

Enterré lo que era mi vida y me ausenté de todo y de todos. Ya nada tenía sentido para mí; ni siquiera mis hijos me dieron el valor de vivir, tal era mi sufrimiento. Mi madre y mis hermanas bañaron a los niños, lavaron la ropa sucia, limpiaron la casa, intenté abrir los ojos, pero estaba ciego.

Yo, que antes estaba enamorado de mis hijos, en ese momento apenas los tocaba. Mi hija menor de tres años vivía llorando día y noche, llamando a su madre. No tuve paciencia con ella y le grité que se callara.

Empecé a golpear a mis hijos por nada. Solo me molestaba su presencia; Jonás, el mayor, por momentos intentaba acercarse a mí, me traía un plato de comida, permanecía en silencio, mirándome; en otros, lloraba mientras se inclinaba sobre sus rodillas.

¿Qué estaba haciendo? Gritarle que se aleje de mí. Como compañía, solo me interesaba beber: me ahogaba en aguardiente todos los días. Poco a poco mis hijos se alejaron de mí y yo le di gracias a Dios porque así nadie me molestaría.

Ese año no cayó ni una gota de agua en el campo. Solo se podían ver buitres y halcones sobrevolando los alrededores. Y yo, que estaba sacudido por una enorme revuelta contra Dios, nunca más me molesté en hacer la señal de la cruz. Cuando pensaba en Dios me imaginaba: "Si él fuera el Padre del que se habla, ¿cómo podría tomar una madre y dejar a los niños abandonados? Ya que se llevó a la madre, ¿por qué no nos llevó a todos?"

Sin ninguna motivación, me tambaleaba aquí y allá; no me bañaba, no me afeitaba y no me preocupaba por comer. Solo quería beber y olvidar que estaba vivo.

Borracho, obligaba a mis hijos a pedir por las casas para luego traerme cachaca, y los golpeaba cuando regresaban a casa sin nada. Vivían descalzos y cubiertos de harapos. Después de la muerte de mi madre nunca volví a comprar una zapatilla a ninguno de ellos; de hecho, ni siquiera los miré más. Mis padres y hermanos me rogaron que dejara de beber, lo que me estaba destruyendo. Mi madre, pobre mujer, siempre estaba haciendo simpatías y novenas por mí, pero yo no quería ayuda, vendí los caballos, los arneses, la vaca lechera, las gallinas y todo lo que tenía para comprar bebidas.

El invierno volvió a los otros campesinos, pero no a mí, que vivía acostado en una estera; de ahí solo me levantaba a beber o buscaba lo que quedaba en la casa para vender.

Mis hijos no murieron de hambre por la bondad de los demás, vivían como perros callejeros, Jonás se hizo a un lado mirándome en silencio. Avancé sobre él gritando:

– ¿Qué estás mirando? ¡Fuera de mi vista, ve a buscar algo que hacer!

También falleció mi madre que se encargaba del aseo personal de los niños, no me di cuenta de la pérdida, recibí la noticia sin emoción. Me acerqué a su ataúd tropezando – estaba completamente borracho. Ya no me faltaba nada, ya nada me conmovía.

Cuando ya no hubo nada más para vender, me fui a la ciudad, dejando atrás a mis hijos para siempre. Viví en la calle, recogiendo restos de comida de la basura.

Conseguí trabajo en una panadería: partía dos haces de leña y conseguía algo de cambio, así que tuve mi propia aguardiente. A veces dormía al aire libre, apoyado en los montones de leña de la panadería.

Escuché muchos comentarios sobre mí: "¡Ese tipo merece una buena paliza para crear vergüenza! ¿Alguna vez has pensado si todos los que perdieron a alguien en su familia hicieran eso?" Pero ninguno de ellos me molestó. Me decía a mí mismo en los rincones que Dios me había robado a María, así que iba a beber hasta morir.

Un día estaba limpiando una porqueriza, otra pedazo que había conseguido, cuando vi a mi padre con mi hijo mayor. Se acercaron a mí y entre lágrimas me rogaron que volviera con ellos. En ese momento, frente a ellos, tuve un momento de emoción: también lloré y quise volver a ser quien era antes. Me animaron. Nos quedábamos juntos en casa de mi padre, porque querían ayudarme a dejar de beber. Terminé regresando con ellos. Mis hermanos me consolaron con palabras de consuelo, me dieron ropa limpia, me afeitaron la barba y la cabeza, porque tenía piojos. Todos esperaban que me animar a enmendar mis errores. Mis hijos eran mayores y me tenían miedo.

Fue muy difícil, pero logré seguir sin beber. Acompañé a mi padre y a mis hijos a la finca, pero la noche era más oscura.

Fue difícil porque no podía dormir y quería hacer alguna locura.

Miré de un lado a otro, pero no pude encontrar ninguna alternativa para mí. Me sentí avergonzado delante de mi familia. Tiré todo lo que tenía, era la oveja negra de la familia.

Mis hermanos incluso comentaron que necesitaba buscar novia, casarme y rehacer mi vida, pero yo pensé: "¿Qué chica se fijaría en mí? ¿Un borracho, un holgazán, un irresponsable?"

Me cerré, no hablé con nadie de mis problemas íntimos. En la soledad de las muy, muy largas noches, comencé a pensar en una hipótesis: "Voy a morir. Sí, me voy a suicidar. Soy un peso en las espaldas de mi padre, soy la vergüenza de mis hijos, ¡no puedo darles nada! Morir es un alivio para todos, incluso para mí."

Una noche, dando vueltas de un lado a otro en la cama, tomé una decisión: "Me voy a ahorcar para poder descansar y dar descanso a los demás, que viven con el miedo que yo haga nuevas estupideces."

Un enfado inmenso se apoderó de mí, lo planeé todo: me levantaría temprano, cogería una cuerda y, antes que nadie despertara, ya me habría ahorcado. Sería una muerte rápida, no sentiría ningún dolor, de eso estaba convencido. Una fuerza extraña me dominaba, me sentía emocionado y decidido, nadie me iba a quitar esa idea. Pero me pareció escuchar una voz dentro de mí que gritaba: "¡No hagas eso, por el amor de Dios! Piensa en la tristeza de tus hijos, que se quedarán sin madre ni padre. Están felices porque regresaste y dejaste de beber. ¡Mira la alegría en los ojos de tu hijo Jonás! No hagas eso, hijo, piensa en Dios, ten fuerzas. Encontrarás la manera, y solo ten paciencia. Levántate, ve a beber un vaso de agua, mira al cielo, habla con las estrellas, ¡siéntate y observa las constelaciones! Habla con Dios en tu corazón."

Pensé en María. Qué hermoso sería si pudiera regresar. Tendría la fuerza para luchar contra el mundo entero. Pero ella nunca volvería a mí, estaba muerta.

¡Una inmensa tristeza se apoderó de mi ser y nada cambiaría mi decisión! Dios no me amaba, y si Él realmente existía; de mí nunca sintió pena, ni siquiera por mis hijos.

Escuché otro grito dentro de mí: "Piensa en tus hijos... Tus hijos...." Sentí que mi corazón se hundía al pensar en ellos: ¿cómo se sentirían sin un padre o una madre? Pero algo resonó en otra parte de mi cerebro: "¡Crecerán y a cada uno cuidará de su vida! Y tú te quedarás de la misma manera. ¡Mátate! ¡Acaba con todo!"

"¡Así es! Voy a suicidarme y poner fin a todo esto. ¡Está decidido! No quiero y no pasaré otra noche en esta habitación."

Estuve discutiendo con mis pensamientos el resto de la noche, no podía cerrar los ojos. Tomé un bolígrafo y una hoja de papel y escribí:

"Padre mío, hermanos e hijos, perdónenme si los voy a hacer sufrir, pero fue el único camino que he encontrado para tener paz. Ustedes hicieron de todo para ayudarme, lo intenté, pero no pude hacer una vida normal. ¡La solución es partir de una vez por todas! Haré esto por mi bien y por el suyo, porque no tengo nada bueno que dejar atrás. Les agradezco a aquellos de ustedes que intentaron ayudarme."

Dejé la carta sobre la cama.

En cuanto noté los primeros rayos de la aurora, me levanté, me vestí y salí descalzo, de puntillas, para no despertar a nadie. Tomé un lazo de cuerda y lo seguí hasta los espinos. Elegí un tronco con mucho cuidado, trepé, até bien la cuerda, asegurándome que la rama no se rompiera con el peso de mi cuerpo y que la cuerda estuviera firme.

Me puse el lazo alrededor del cuello y miré a mi alrededor. Un halcón graznó desde lo más profundo de los arbustos espinosos, haciéndome girar. Pensé: "Tú eres el que está feliz de no tener una cabeza que piensa. ¡Adiós! Ya no quiero saber nada de este mundo, quédate con él para ti."

Miré la casa de mi padre, todavía había algo que sacudía mi corazón: mis hijos. Pero ni siquiera por ellos quise seguir viviendo.

Me acordé de María, tan bella, dulce y cariñosa. Yo también moriría, ¿quién sabe si la encontraría en el mundo de los muertos? ¿Existía realmente ese mundo?

Y las voces gritaban dentro de mí: "¡No hagas eso, por Dios! ¡No hagas eso!"

Yo, desafiando estos gritos inaudibles, respondí en voz alta:

– ¡Voy a morir, sí! Quiero ver quién me detiene. ¿Dónde está Dios para detenerme en este momento?

Una fuerza me impulsó: "¡Terminemos con esto! Solo ponte la cuerda alrededor del cuello y tira con todas tus fuerzas y rápidamente morirás pronto y serás libre de una vez por todas."

Así lo hice. ¡Me puse la cuerda alrededor del cuello y tiré con todas mis fuerzas! ¡Sentí un dolor tan fuerte! Mi cabeza: oh, mi estómago se comprimieron: no hay forma de definir el dolor de ahorcamiento.

Comencé a gritar pidiendo ayuda en mi mente, pero mi voz no salía. Pensé en mi madre y María. Había muchos hombres y mujeres debajo de mis pies, riendo. ¿De dónde aparecieron de repente?

Uno de ellos gritó:

– Entonces muchacho, ¿te duele mucho? – Se rieron mí.

–¡Fue tu elección, camarada! No tiramos del hilo ni te matamos, pero estamos felices porque ahora vas a ser uno de nosotros, idiota.

Entre dolor y desesperación, grité pidiendo ayuda. Sentí como si mil manos presionaran mi garganta y sentí como si mi cerebro explotara.

Pasó mucho tiempo y todavía estaba atado a un peso que me asfixiaba. Estaba sudando y temblando de dolor, tenía la garganta seca y me dolía mucho la cabeza. Intenté con todas mis fuerzas salir de allí, pero no pude.

Me di cuenta que estaba colgando de mi propio cuerpo, pero ¿cómo era posible? No podía salir ni volver a entrar.

Los tipos que me rodearon en el momento de la muerte estaban sentados mirándome. Noté que su aspecto era horrible:

estaban sucios, tenían las uñas largas, el pelo despeinado, estaban sin afeitar y llenos de heridas.

Mientras luchaba con el cuerpo que colgaba del árbol, vi llegar a unos hombres vestidos de blanco. Justo detrás de ellos venían dos caballeros uniformados, montados a caballo bien decorado. Bajaron y, señalando en mi dirección, hablaron con los dos señores vestidos de blanco, que se acercaron a mi cuerpo. Uno de ellos pareció sacar algo de mi pecho. El otro agarraba mi cabeza para poner algo en mi boca, aliviando el dolor en mi garganta.

No sé cuánto tiempo estuve en esa agonía, pero de repente sentí un shock tremendo, y vi mi cuerpo tendido, ya dentro de un ataúd. Vi a mis hijos inconsolables, llorando, a mi padre desesperado. Los dos caballeros estaban al lado del ataúd y uno de los caballeros les habló:

– Pueden llevar al prisionero, ya que nuestro trabajo está concluido.

Uno de los guardias me esposó y dijo:

– Caminemos, caminemos, porque el camino es largo.

Intenté protestar diciendo que no hice nada para que me arrestaran. No me escucharon.

El dolor era insoportable, ahora bebía, ahora vomitaba, gritaba pidiendo ayuda, pero los dos jinetes seguían tranquilos sin prestar atención a mis gritos de protesta.

A mi lado, ese grupo de desafortunados me seguía como si estuvieran atados a mí con una cuerda invisible. Uno de ellos, acercándose a mí, habló en voz baja:

–Un día me las pagarás, idiota. Podrías haber estado bebiendo con nosotros y muy vivo, pero caíste en la conversación de tu padre y dejaste la bebida.

– ¡Nos traicionaste, desgraciado! Ahora somos prisioneros, pero esto no quedará así – gritó otro hombre.

Entramos a un pasillo oscuro, donde lo único que se oía era el galope de los caballos y nuestros gemidos.

No puedo decir cuánto tiempo nos llevó caminar en ese pasillo. Cuando salíamos a un lugar luminoso, nos dolían tanto los ojos que gritábamos como locos. Entramos en una habitación oscura y el dolor en nuestros ojos desapareció.

Un señor mayor de mediana edad, con un uniforme brillante, acompañado de dos jóvenes, también entró. Eran luminosos, no era posible ver sus rostros, pues su luz molestaba nuestros ojos.

Una de las chicas dijo mi nombre, mi edad, el lugar donde nací, el nombre de mis padres, esposa e hijos. Terminó añadiendo:

– Le quedan 47 años para completar su estancia en la Tierra; desafortunadamente se apresuró y tomó el camino equivocado.

– Muy bien – respondió el señor –, llévenlo a la zona de aislamiento, donde estará incomunicado y solo recibirá visitas de nuestros hermanos autorizados.

En el momento oportuno saldrá de su celda, cuando debería ser juzgado por el crimen. Mientras tanto, que se cumpla la Ley. Los demás permanecerán con él en la misma celda, se ayudarán mutuamente en la reconstrucción de sus obras.

Un soldado armado con espada y lanza caminaba delante de nosotros por el corredor en sombras; la única luz era una antorcha clavada en lo alto del pasillo. Detrás de nuestro grupo venían dos soldados armados más.

Bajamos las escaleras y llegamos a un lugar oscuro y húmedo, donde se escuchaban gritos y risas provenientes de todos lados.

El soldado que iba delante abrió una puerta de hierro y nos quitó las esposas. Entramos en ese lugar oscuro y estrecho, sin noción de dónde estábamos.

Cuando entró el último prisionero, el guardia cerró la puerta desde afuera y salió tranquilamente sin mirar atrás. No había bancas, ni camas, ni agua, nada. El suelo estaba húmedo y las paredes frías.

Mis compañeros de desgracia vinieron hacia mí como locos. Hubo patadas, puñetazos y malas palabras. Intenté defenderme de ellos, pero me llevé la peor parte, porque eran muchos y yo estaba solo.

Caí al suelo sin fuerzas. El dolor era inmenso y ya no sabía si era real o una pesadilla. Me dolía mucho la cabeza, tenía la garganta seca. En este estado mental, me quedé dormido.

CAPÍTULO 3
La Nueva Morada

Cuando desperté sentí mucho dolor. Mi nariz sangraba, vomité sangre, me dolía el cuerpo. Recibí patadas y más patadas. Y así fueron mis primeros días en esa celda. Estaba lúcido, lo recordaba todo.

Después de un tiempo comencé a reaccionar: grité malas palabras, los pateaba y también peleaba con ellos. Recibíamos una comida al día, por lo que siempre nos peleábamos por robarle comida y agua al otro. Hasta que un día Plinio, el líder de nuestra célula, propuso un acuerdo:

– Cada uno come su parte. Al que roba, todos le pegan.

Recibimos colchones y sábanas. Plinio propuso otro acuerdo: nos turnaríamos para dormir de dos en dos. Los otros permanecerían en silencio, pues bastaban los gritos de las celdas vecinas.

– Pongamos orden aquí – dijo el líder.

Me empezó a gustar porque, entre todos, era el más correcto.

Con el paso del tiempo, dejamos de pelear e incluso comenzamos a intercambiar palabras amables entre nosotros. Después empezamos a hablar y empezamos a entendernos. Cada uno contó su historia: todos fueron suicidas que lograron escapar de los cadáveres antes de ser rescatados, el único que no contó su crimen fue Plinio. Cuando fue interrogado, respondió:

– Estoy aquí pagando mi deuda. ¡No puedo decir cuánto debo porque ni siquiera lo sé! Solo sé que ninguno de los que estamos aquí es inocente.

Aprendí la razón de su enojo hacia mí: los metí en mi mente bebiendo, así que estaban conectados conmigo. Cuando me ahorqué pude haber escapado con ellos, pero como estaba ligado a la mente de María y mi madre, no me escapé y terminé llevándolos conmigo a la cárcel. Hubo momentos en que peleamos; en otros, lloramos por nuestro destino.

Siempre veía a los guardias pasar de un lado a otro, en la oscuridad; su ropa brillaba como la luz del sol, haciendo que nos dolieran los ojos.

El dirigente nos comentó que esos hombres eran los guardianes de la ronda y que a través de ellos nuestras familias podrían recibir noticias nuestras. Uno de los prisioneros preguntó:

– ¿Y cómo sabes todo esto?

Él respondió:

–Viviendo y observando la vida.

Así fueron pasando los días. Recuerdo bien la primera vez que lloré con sentimiento: fue el día que vi salir a mi primer compañero de celda. Abrieron nuestra celda y una de las luminarias – así llamábamos a los guardias –, gritó el nombre de nuestro compañero. Se apoyó contra la pared, asustado, y el guardia dijo:

– Serás llevado a juicio. Hoy estarías dejando tu cuerpo físico si estuvieras en la Tierra cumpliendo tu deber. Vamos, que el jurado está formado, todo el proceso ha sido estudiado y analizado con mucho cuidado. No te preocupes, se hará justicia.

Nos miramos, ¿no lo volveríamos a verlo nunca más? Para entonces ya habíamos aprendido a amarnos como verdaderos hermanos.

Le preguntó al guardia:

– ¿Puedo despedirme de todos? Quizás no deba volver a esta celda, ¿verdad?

– Posiblemente no – respondió el guardia –. Puedes despedirte de tus hermanos, te esperaré afuera.

Silvio nos abrazó llorando y me pidió perdón por todo lo que habíamos pasado juntos. No podía soportarlo, era una emoción enorme y las lágrimas escaparon de mis ojos; no podía creer que todavía pudiera llorar. También le pedí perdón por los momentos difíciles que le hice pasar.

Cuando salió estábamos acurrucados, cabizbajos, cada uno en su rincón, nadie decía nada... Cada uno con sus propios sentimientos.

Me armé de valor y dije, sin mirar a nadie:

–¿Sabes quién será el próximo?

Todos hicieron sus cálculos; los guardias nos ayudaron con esto, diciéndonos el año, el mes y el día en que vivíamos. A nuestro líder todavía le faltaban quince años; para los demás faltaban dieciocho, veinte, diez, ocho, cinco, tres, uno y medio, ¡y para mí aun faltaban veintidós años! Entonces yo sería el último en irme. Me imaginé siendo juzgado y pensé en voz alta:

– ¡Dios mío! ¿Y si al salir de esta celda vamos a otra peor?

Plinio respondió:

– Permaneceremos en esta celda hasta completar el tiempo que sería nuestra muerte natural en la Tierra. No cumplimos nuestra misión, ¿recuerdas?

Uno de los compañeros comentó:

– Si supiéramos qué le pasó a Silvio, tendríamos una idea de nuestro futuro.

Otro añadió:

– ¿A dónde irá? Si tan solo pudiéramos saber...

Nuestro líder, al notar la ansiedad de todos, nos calmó diciendo:

– Dejemos de pensar o nos volveremos locos; si estamos aquí es por qué somos culpables! – Y continuó diciendo:

– No tiene sentido discutir o imaginar lo que no podemos saber en este momento. Ha llegado el momento de todos, eso es seguro.

Un día, mientras recibíamos comida, el guardia de turno nos dijo:

– Tu amigo fue trasladado a una muy buena Colonia, un lugar que se parece a la Tierra. Necesita sembrar y cosechar para comer, pero es una Colonia iluminada por el Sol y bañada por la Luna, con mucha gente sana y hermosa – Y añadió –. Ojalá cada uno de ustedes tenga la misma suerte que él.

Se despidió y se fue, dejándonos soñando con esa posibilidad.

Nuestro líder, sonriendo, dijo:

–Espero que Silvio no nos olvide. Nos peleamos mucho, pero en el fondo quiero que sea muy feliz.

– ¿Quién sabe, algún día nos volveremos a ver? – Dijo uno de nuestros compañeros.

– Quién sabe… – respondió Plinio, mirando al vacío.

El tiempo pasaba y los recuerdos de nuestros seres queridos aumentaron. Como hablábamos tanto de ellos, ya formaban parte de nuestras vidas. Cuando estaba cabizbajo, un compañero me dijo, en tono de broma:

– ¿Soñando con María?

Me preguntaba constantemente: "¿Dónde estaría María? Nadie muere, ahora lo sé. Ella era una santa, solo puede estar en el cielo. ¿Y mi madre? ¡Otra santa! Debe estar con ella ¿Y mis hijos? ¿Cómo serían mis hijos? ¿Y mi papa? ¿Seguiría estando en la Tierra?"

Cuando comencé a pensar mucho en el pasado, sentí dolores horribles, comencé a sangrar por la nariz y a vomitar sangre. Nuestro líder me advirtió que dejara de pensar en el pasado, porque no me ayudaría en nada, aparte de perturbar la vida de otras personas.

Pasó el tiempo y cada compañero que partía era una pérdida muy grande para nosotros. La celda se estaba volviendo muy solitaria.

Cuando nuestro líder y amigo se disponía a salir de su celda, dijo con sinceridad:

– Nunca los olvidaré. Cuando nos conocimos estábamos llenos de odio el uno por el otro, pero hoy, si pudiera, renunciaría a cualquier beneficio para continuar con ustedes – Y añadió –. Ya he quebrantado la Ley mayor muchas veces, amigos míos. A partir de ahora intentaré resignarme. Necesito aceptarlas y comprenderlas mejor. Todavía tengo mucho que ajustar en mi viaje.

Mirándome, preguntó:

– Con mi salida, estarás coordinando a los demás, ya que serás el último en salir. Desde ya, ve entrenando y aprendiendo a vivir con nostalgia.

– ¿Seré el líder?

– Sí tú. Espero que siempre me recuerdes como un amigo, porque así te recordaré yo. Nos abrazamos y lloramos en silencio.

Entonces todos se fueron y yo me quedé completamente solo. Puedo decir que no hay mayor infierno que la soledad. Allí, encerrado entre cuatro diminutas paredes, lloré, me golpeé la cabeza contra la pared oscura, grité al escuchar mi propia voz. Me volví un poco loco, perdí la noción del tiempo, preferí no pensar en nada más. Los guardianes intentaron mantenerme informado sobre mi tiempo, pero preferí no hacer más cuentas. De vez en cuando soñaba con María y mis padres, me despertaba y lloraba mucho, a pesar, estos sueños me consolaban.

Un día el guardián abrió la celda y dijo:

– ¡Vamos amigo, ha llegado tu hora!

Me sobresalté, pero no respondí. Seguí al guardián, quien me llevó a una habitación con una luz azulada. Mis ojos ardieron un poco.

Sentado en medio de ese enorme salón estaba un anciano, con una barba blanca como la nieve, con un libro abierto en la mano. Junto a él, varias personas con trajes llamativos. Mirándome, dijo:

– Antes de leer el proceso de nuestro hermano, diremos una oración. Pidamos misericordia al Padre Redentor por este hermano nuestro que no pensó en el gran daño que causó en su propio camino.

Todos se tomaron de las manos y oraron, y no pude controlar las dos lágrimas que caían de mis ojos.

Se leyó el proceso: Temblé, porque allí, ante el gran jurado, recordé toda mi vida antes de la reencarnación.

Trabajaba en una Colonia de socorro y mi esposa se estaba preparando para regresar a la Tierra. Yo rogué a los maestros para regresar con ella. Tuve audiencia con el maestro responsable y él me explicó:

– Si tú, por tu propia voluntad, decides acompañarla, tu misión será dolorosa.

Me dijo por lo que tendría que pasar. Me aconsejó esperar un poco más para regresar a la Tierra y pagar mis deudas, pero hice mil juramentos que soportaría mis pruebas.

Recibí un largo entrenamiento para regresar a la Tierra y vine lleno de esperanza y alegría. Lo único que quería era estar al lado de mi ser querido y al mismo tiempo corregir una deuda pasada. Pero en la Tierra olvidé todos mis propósitos, y terminé arruinando todo el plan que me beneficiaría a mí y a quienes me necesitaban.

Me tapé la cara con ambas manos y comencé a llorar: "¡Dios mío, cuántas cosas he dejado de hacer! ¡Cuánta irresponsabilidad! ¿Qué he hecho con mi vida?"

Allí, ante mis ojos, se mostraban escenas de mi vida. ¡Fui yo! Rogué por regresar a la Tierra, recibí todo el apoyo, toda la ayuda que necesitaba para tener éxito en mi trabajo. Sin embargo, arruiné todo el proyecto de los mensajeros que confiaron en mí.

Lo vi claro cuando me comprometí diciéndome que soportaría con alegría todas las pruebas que se presentaran, y para ello recibí más de dos años de formación espiritual.

Vi que, poco después de la muerte física de María, cuidaría de mis hijos y me volvería a casar con Gilda, una chica con la que tenía una deuda pasada. Me casaría con ella y así enmendaría un error de mi pasado. Daríamos la bienvenida a dos niños, a quienes dejamos atrás.

En una de mis encarnaciones la saqué de casa de sus padres, una niña digna, pura y honorable, luego la abandoné sin recursos para sobrevivir y sin apoyo de su familia – ella se prostituyó para sobrevivir.

Bajé la cabeza y lloré de vergüenza al ver a esa digna niña que dejó la casa de sus padres confiando en mí. ¡Ella me amaba! ¡Dios mío! ¿Por qué le hice esto a esta noble criatura? Tuve otra oportunidad de compensar mi error con ella y volví a fallar.

El maestro me pidió que siguiera observando todas las escenas de cómo hubiera sido mi vida si hubiera cumplido con mi deber. Vi a mis hijos casarse y tener hijos, vi a mis nietos jugando en mi regazo.

Vi a Gilda sentada en una mecedora, con el cabello gris recogido en lo alto de la cabeza, tejiendo un zapato para nuestro bisnieto. Me vi sentado en otra mecedora, con un sombrero de paja en la cabeza, el cabello blanco y ralo, el cuerpo pesado por los años, pero el corazón radiante de alegría.

Mi casa estaba llena de provisiones, y con calma observaba mi cosecha, mis animales y agradecía a Dios por tanta abundancia y felicidad. Ese fue el retrato de mi vida que se planeó antes de dejar la Colonia.

Terminando mi pasantía como encarnado, vi mi desencarnación. Me acosté y desencarné sin dolor ni sufrimiento, algunos maestros me desconectaron del cuerpo físico. Asistí feliz al entierro de mi cuerpo junto a Gilda. Muchos amigos y todos mis hijos, nietos, nueras, yernos, lamentaron mi pérdida, pero estaban orgullosos del hombre que yo era para ellos. Esa sería la historia de mi vida.

La pantalla se apagó. Estaba tan avergonzado que no podía respirar. Ante todo eso, estaba completamente seguro de la bondad de Dios hacia todos nosotros. Fui traidor a Su Ley y; sin embargo, Él me dio refugio en esa celda al lado de amigos que se convirtieron en verdaderos hermanos para mí.

Los maestros no me juzgaron, solo me mostraron el retrato de mi vida. Todos guardaron silencio, orando por mí.

Me levanté, fui hacia donde estaba uno de mis antiguos maestros, a quien reconocí entre tantos otros, y con lágrimas, besé sus manos. Me tocó la cara con cariño y me dijo:

– Mi amado hijo, lo importante es que estás aquí, consciente y dispuesto a continuar.

De rodillas, en medio de los jurados, supliqué:

– En nombre de Dios, necesito tiempo para recuperarme y luego tratar de encontrar a mis víctimas y pedirle a Dios que me perdone.

El maestro de barba blanca se acercó a mí y me levantó del suelo, diciendo:

– Tu petición fue aceptada hijo mío, los años aquí pasan rápido, creemos que tendrás tiempo suficiente para recuperarte espiritualmente.

Otro maestro, con mirada firme, pero a la vez amable, se puso de pie, levantó la mano y, pidiendo permiso, dijo:

– No tuve ninguna influencia en tus decisiones terrenales, muchacho. ¡Estoy aquí entre los nobles hermanos afirmando que en la Tierra hice todo lo posible para que me escuchases, pero no tuve éxito! – Y continuó –. Nunca escuchaste a tu corazón. No puedes acusar a Dios ni a sus mensajeros intermediarios de tus faltas, como representante de esta mesa te puedo asegurar que nunca nos escuchaste. Intenté hablar a tu corazón muchas, muchas veces, pero nunca prestaste atención a mis palabras. Conociendo tus propósitos en la Tierra, traté de hacer todo lo posible para ayudarte, pero preferiste unirte a tus hermanos que se encontraban en las mismas condiciones espirituales que tú, provocando esta tragedia en tu vida, utilizando la Ley del Libre Arbitrio contra ti mismo.

Mientras me hablaba usando su autoridad, me preguntaba: "¿Podría haber sido mi ángel de la guarda en la Tierra?"

Antes de terminar de pensar, me respondió:

– Fui un mentor que intentó mostrarte que la muerte no existe y que debemos honrar la obra más preciosa de Dios: la vida.

– Tienes razón, fui irresponsable ¡Ah! Si te hubiera escuchado antes, seguramente habría recibido tu ayuda, pero ni de ti, ni de Dios ni de otro amigo me acordé. Perdóname, por el amor de Dios.

Finalmente recordé quién era: era un espíritu protector que intentaba ayudarme. Muchas veces, cuando estaba tirado en la calle, borracho, veía ese rostro arrastrándome, colocándome en la acera, resguardándome de la lluvia e intentando hablarme. Pensé que era el aguardiente, pero eso le pasa a todo el que bebe y se droga. Los espíritus, además de protegernos físicamente, intentan convencernos que dejemos la adicción.

A veces los adictos hablan, discuten, pelean, lloran con sus hermanos espirituales que vienen a ayudarlos. Quien los escucha, cree que es una locura causada por las drogas, pero no lo es. Una persona, cuando está drogada, está rodeada de decenas de otros enfermos. Estos hermanos errantes chupan sus energías vitales, pero siempre es ayudado por mentores de Luz.

Una señora me observaba con compasión; sus ojos claros brillaban como dos estrellas. Se puso de pie y, con voz tranquila y dulce, hizo que todos se detuvieran a escucharla.

– Maestro – dijo –, te ruego, en nombre de Dios, libera y guía a este pobre hermano hacia su nuevo destino. Necesita tiempo para recuperarse y paz para adaptarse con Dios.

– Tienes razón, hermana Beatriz – respondió el maestro –. Terminemos nuestra reunión y enviemos al hermano a su nueva morada.

Recibí mi sentencia con alegría, ya que trabajaría en una Colonia parecida a la Tierra, estudiaría, recibiría instrucción y podría relacionarme con mis nuevos amigos, pero no se me permitía salir ni recibir visitas. Dependiendo de mi comportamiento, podría obtener mi libertad provisional, hasta que fuera convocado para regresar y realizar mis tareas terrenales.

Después de cumplir mi condena, podría buscar a mis seres queridos si así lo deseaba. Debía seguir trabajando hasta ser convocado para una nueva reencarnación. Tendría que pagar por eso tarde o temprano y en condiciones de vida mucho peores.

CAPÍTULO 4

Un castigo llamado Tiago

El mismo soldado me llevó a un automóvil que se parece a los autobuses de la Tierra; pude compararlos cuando regresé y quedé asombrado por este descubrimiento. Los ingenieros espaciales vienen a la Tierra para desarrollar proyectos que se asemejen a los de los planos espirituales. Nuestros ingenieros son de hecho espíritus con gran experiencia espiritual.

Sentado en el auto, suspiré aliviado. Recordé los años que pasé en el presidio junto a quienes se convirtieron en mis verdaderos amigos. Me preguntaba: "¿Hay alguien que conozca en esta nueva Colonia?" Sería demasiado ingenuo... Miré a mi alrededor. Había muchos hombres con la cabeza gacha y nadie intercambiaba una palabra, todos estaban sumidos en sus pensamientos.

Caminamos por túneles angostos, pero no sé cuánto duró el viaje, el auto se detuvo y el conductor nos dijo:

– ¡Llegamos! Gracias a Dios todo salió bien.

Unos guardias rodearon el coche, saludaron a los soldados que nos vigilaban e intercambiaron algunos papeles entre ellos. Cuando llegamos o desembarcamos, no podía creer lo que veían mis ojos: ¡el lugar era idéntico s la Tierra! Sol, viento, flores, pájaros y mucho verde.

Me di cuenta que la Colonia era un centro de detención de máxima seguridad, rodeada de muros altos, con lanzas clavadas por todas partes, pero era un lugar hermoso.

Pasamos por la puerta central. La amable señora de recepción nos recibió diciendo:

– En tu alojamiento encontrarás lo básico para tus primeras necesidades.

Entramos en un pasillo largo y ancho y uno de los guardias me indicó una habitación limpia y amueblada. Me asombró que, después de tantos errores, recibiera un hogar tan limpio, fragante y confortable.

– Compartirás habitación con otro hermano; debe llegar pronto, ya que viene de otra Colonia. Allí tienes ropa limpia, maquinilla de afeitar, cepillos y todos los útiles de higiene personal. Mejora tu apariencia... – Y me advirtió –. En dos horas paso para llevarte a ver las instalaciones de tu nuevo hogar. Lleva la cuenta de la hora en ese reloj que hay en la pared – dijo señalando. Para consolarme, concluyó –. No te preocupes muchacho, esta Colonia es una de las más tranquilas que conozco. Por el trabajo realizado en tus vidas pasadas, tuviste el privilegio de venir aquí. Los años aquí pasan en un abrir y cerrar de ojos. Nos involucramos tanto en la vida que acabamos olvidándonos del tiempo. Bien, me voy. Ponte cómodo y prepárate – dijo el guardián al retirarse.

Cuando entré al baño me asustó mi cara en el espejo, parecía más un monstruo que un hombre. El pelo trenzado, la barba larga, un aspecto viejo y sucio.

Me di una ducha larga, me puse ropa limpia, me afeité y me puse colonia de madera. Me reí cuando me miré de nuevo al espejo: ¡estaba diferente!

Empecé a examinar la habitación. Todo era muy sencillo, pero de buen gusto. En la pared, un bonito cuadro de una madre amamantando a su hijo.

En un rincón había una mesa con dos sillas. Sobre ella había cuadernos y lápices. Justo arriba, en la pared, había una estantería con libros. ¡Cogí uno de ellos y comencé a recordar! ¡Ya había visto ese libro en alguna parte! Pero ¿dónde? De repente me acordé: era el libro de la Colonia Sagrado Corazón de Jesús, donde pasé muchos años de mi vida junto a María.

Me llamó la atención el título: *Los espíritus y sus amores*.

Recordé que María era muy romántica, siempre recitaba los versos de ese libro. Pronto me vino a la mente uno de ellos:

Los lirios blancos son mis favoritos...
En mi corazón hay una luz llamada anhelo,
y ese anhelo eres tú...
Ya puedo sentir lágrimas de alegría en mis ojos,
anhelo tu regreso...
Extraña quien amas, extrañar es un buen sentimiento...
¡Quiero verte venir, te estaré esperando radiante,
me alegra saber de tu victoria!
Donde quiera que estés, tu sonrisa es mi sonrisa,
¡Tus ojos son mis ojos, tu lucha es mi lucha,
tus logros son nuestras victorias!
Estaré contigo por los siglos de los siglos,
porque tú eres mi vida,
la vida es hecha de amor.
Sin amor no hay vida, nuestra vida es una sola...

Me senté en la cama. Temblé y lloré de alegría y anhelo. "Dios mío, ¿cómo puede estar este libro aquí?"

Pasé mucho tiempo besando ese libro, leyendo y releyendo nuestro poema. Incapaz de contener las lágrimas, las dejé fluir libremente. Necesitaba prepararme para vivir muchos años lejos de María, de mis hijos y de todos los que se prepararon para compartir una vida conmigo, pero este libro me trajo esperanza y también anhelo por mi amor.

Lo puse en su lugar. Después de todo, ¿por qué apresurarse? Tendría mucho tiempo para leerlo y releerlo.

Me acerqué a la ventana, descorrí la cortina, me incliné sobre el alféizar, el Sol brillaba sobre los árboles, que se balanceaban en silencio. Hasta donde mis ojos podían ver, había un denso bosque alrededor de la Colonia.

Había un hermoso jardín alrededor de la Colonia, así como un huerto y muchos canteros de vegetales, vegetales, que se mezclaban y se extendían hasta donde alcanzaba la vista; el olor de la tierra era maravilloso.

Me acordé de la finca donde vivía con María y estaba muy feliz. Oh, si pudiera comenzar todo de nuevo...

Estaba sumido en mis pensamientos cuando alguien llamó a la puerta. Era el guardián.

– Vamos joven, es hora de llevarte a ver tu nuevo hogar, tu nueva familia.

Me observó y, riendo, comentó:

– ¡Ahora sí! ¡Estás genial! ¿Viste cómo un baño puede cambiar la apariencia de un hombre?

Avergonzado, le di las gracias.

Mientras caminábamos por el pasillo, me dijo:

– En tres días saldré para la Colonia Sagrado Corazón de Jesús y llevaré a algunos internos que acaban de recibir la libertad provisional ¿Alguna vez has oído hablar de esta Colonia?

Mi corazón se aceleró y un deseo loco se apoderó de mí. Quise preguntarle si conocía a María y a los demás amigos que dejé allí, pero tuve miedo y respondí:

– Sí, señor, he oído hablar de ella.

Me alegró saber que la Colonia estaba cerca y que seguramente María estaba allí.

Llegamos a un auditorio lleno de gente. Noté que los reclusos eran todos hombres. Me senté junto al guardián y vi que los hermanos que se embarcaran conmigo estaban presentes, todos limpios y con buen aspecto. Miré a mi alrededor buscando un compañero de celda, pero lamentablemente no vi a nadie.

Había varios maestros luminosos sentados en sillas altas, que parecían flotar sobre el escenario. Una música serena sonaba suavemente. Un hombre pequeño y frágil se levantó y nos invitó a orar. Mientras todos oraban fervientemente, escuché a uno de mis compañeros quejarse:

– ¿Tendré que rezar durante doscientos años?
Prefiero irme al infierno...

Cuando terminaron las oraciones, el hombre frágil comenzó a hablarnos afectuosamente de Jesucristo y de su Madre, luego comenzó a hablar de nuestra vida; finalmente, el que blasfemaba se quedó llorando.

Fuimos llevados al señor uno a uno, recibimos un pase que pareció dejarnos adormecidos, tranquilos y desarmados de nuestras penas.

Nuestras tareas fueron especificadas, cada uno recibió una asignación. Yo cuidaría las verduras durante seis meses. Allí había una rotación de funciones y todos colaboraban de buena gana en todas las tareas.

No había otra opción, era un sorteo bianual. La tarea que asumimos se llevaría a cabo durante seis meses.

Teníamos un superior que supervisaba el trabajo y la recomendación fue que todos cumplieran con sus deberes con alegría y buen humor.

Comenzaríamos el curso de recuperación y estabilidad espiritual, y poco a poco nos iríamos inscribiendo en otros cursos. Teníamos un día libre a la semana, los domingos, donde podíamos jugar, nadar, pescar, jugar y cantar, y también había varios deportes. De todos modos, cualquier cosa que pueda ayudar.

En nuestra recuperación, la acción sería aprobada por los maestros.

Recibimos un aviso: no se permitirían salidas ni visitas a ningún interno. Debíamos vivir en paz, aprender a gustarnos unos a otros, no mirar a los demás con malos ojos.

Después de todo, nosotros, por nuestra propia elección, perdimos el derecho de ir y venir durante un período de tiempo específico. Deberíamos luchar para recuperar el don de la libertad de Dios.

Nos presentaron a nuestros supervisores y compañeros de trabajo y recorrimos varios departamentos. Recibí una tarjeta indicando los cursos a los que podía inscribirme. Visitamos las aulas, la clínica, la cocina, la lavandería y las oficinas administrativas.

Fuimos a buscar nuestra ropa de trabajo. Al regresar, recibimos instrucciones de ir a la cafetería a recibir nuestra comida. Me senté junto a dos compañeros que ya estaban trabajando en el jardín comunitario. Hablamos mucho. Me enteré que compartían la misma habitación y les pregunté por mis amigos de celda, pero me dijeron que no había nadie entre ellos. Tienen las características que yo pasé.

Mencioné que todavía no conocía a mi compañero de cuarto, quien, según el tutor, debería estar llegando.

– Espero que sean buena gente como ustedes. ¡Después de todo, compartiremos habitación durante muchos años! – Bromeé.

Uno de ellos respondió amablemente:

– ¡Oh! ¡Definitivamente buena gente! Aquí, gracias a Dios, solo hay gente buena.

Cuando terminamos la comida, un maestro dio una breve charla sobre la fe, el amor y la esperanza. Poco después, nos ordenaron regresar a nuestras habitaciones para descansar y comenzar nuestra misión temprano al día siguiente.

Se nos advirtió que el reloj nos despertaría a las cinco de la mañana – hora terrestre. Teníamos que levantarnos, tender la cama, ducharnos y poner la ropa sucia en el cesto que estaba en el pasillo, frente a nuestra habitación.

Debíamos dejar las ventanas del dormitorio abiertas y todo lo demás en orden, y todos debían bajar cinco minutos antes de las 6 horas para la primera oración, vistiendo ropa de trabajo.

Salimos del salón. Mis dos nuevos amigos y yo subimos las escaleras que nos llevaban al primer piso, nos despedimos y nos dirigimos a la habitación.

Cuando abrí la puerta del dormitorio, ¡me sorprendí! Había alguien acostado en una de las camas. La habitación estaba poco iluminada, pero se podía ver claramente que se trataba de un muchacho muy joven.

Feliz de verlo, sonreí y dije:

– ¡Qué maravillosa sorpresa! ¿Entonces eres mi compañero de cuarto? ¡Sé bienvenido!

Sin moverse en la cama, me respondió bruscamente:

– ¡Desafortunadamente lo soy! Y tengo una advertencia que hacerte: no hables mucho conmigo porque no me gustan las bromas.

Me decepcionó su recepción. Cerré la puerta con calma y respondí:

–Está bien, perdón por los malos modales. Quiero vivir en paz contigo, porque tenemos muchos años por delante y no quiero molestar a nadie.

– Métete en tus propios asuntos y no me molestes, ¿entiendes? No me molesta porque no respondo de mis acciones cuando me contradicen – me respondió.

¡Entré al baño y vi que estaba hecho un desastre! Dejó el grifo abierto, los papeles tirados al suelo, el tubo de pasta de dientes abierto, las toallas tiradas por ahí. Puse todo en orden y regresé a la habitación.

Solo entonces me di cuenta que había tirado todas mis pertenencias al suelo. Puse todo en su lugar, me acosté e intenté conciliar el sueño.

Me desperté cuando el gran reloj dio las cinco de la mañana. Miré la cama donde debería haber estado mi colega, pero estaba vacía y desordenada; había cosas esparcidas por todas partes.

Me levanté y rápidamente hice mi cama. Corrí al baño y todo estaba desordenado, traté apresuradamente de poner las cosas en orden. Me vestí y me apresuré a poner la ropa y las toallas del día anterior en el cesto que había en el pasillo.

¿Dónde estaba mi compañero de cuarto? ¿Se levantó más temprano y salió? Quien sabe ya está en la sala de oración o ha recibido alguna otra tarea.

Cuando bajé encontré a mis vecinos y amigos vistiendo su ropa de trabajo. Al llegar a la sala de oración, miré a mi alrededor tratando de reconocer a mi compañero de cuarto. No podía ver su rostro claramente en la penumbra, pero tuve una idea y, efectivamente, él no estaba allí.

Dijimos nuestra oración y recibimos palabras de consuelo y esperanza. Después del desayuno acompañamos a los supervisores a los campos de trabajo.

Trabajar con la tierra es maravilloso, porque su olor anima al trabajador. Tocar la tierra fértil y húmeda avivó mis recuerdos y recordé cuando me estaba preparando para casarme con María. La tierra me ofreció esperanza.

El trabajo fue agradable; parecía haber pasado media hora y el guardián ya nos llamaba: era hora de regresar. Debíamos darnos prisa, ya que en la Colonia no se permitían retrasos bajo ninguna circunstancia. Aquellos que infringieran las reglas locales serían transferidos a Colonias con una disciplina más estricta.

Comimos y fuimos al salón de clases. Cuando regresamos, tuvimos tiempo de limpiar las habitaciones, así que por la mañana todo fue más fácil.

Cuando entré a la habitación no podía creer lo que vi: suciedad y restos de comida por todos lados, piso sucio, ropa sucia tirada sobre mi cama y mi amigo acostado mirando el vacío.

Me quité la ropa sucia y me apoyé en un rincón. Entrar al baño era nauseabundo: tenía que limpiarlo antes de usarlo. Me vestí y me fui molesto, mientras pensaba: "¡Necesito hablar con alguien de lo que está pasando!"

Las clases fueron maravillosas, parecía que las horas pasaban volando. Los maestros tenían una comprensión inusual.

Regresé a mi habitación sin saber lo que encontraría. Abrí la puerta lentamente. El amigo estaba asomado a la ventana, comiendo algo.

Se volvió hacia mí y gritó:

- ¡Tú has la limpieza! ¡O vamos a tener problemas! Si descubro que has estado hablando mal y quejándote de mí, entonces las cosas empeorarán por aquí.

Por capricho, exploté:

- ¡Escucha, amigo mío! ¿Quién te crees que eres? ¿Crees que te tengo miedo? ¡Voy a buscar al guardián ahora mismo y le mostraré lo que estás haciendo aquí en la habitación! No soy tu esclavo, traté de ser amable contigo, no te hice ningún daño. ¿Por qué esta hostilidad hacia mí?

El chico avanzó hacia mí con labios temblorosos, me tomó del cuello de la camisa y me arrojó sobre la cama diciendo:

- ¡Limpia la habitación ahora mismo! ¡A partir de ahora, yo estoy a cargo aquí! ¡Pon una queja y te mostraré de lo que soy capaz!

Y añadió, apretándome el cuello:

- Si crees que está mal compartir habitación conmigo y hacer lo que quiero, ¡busca otro lugar donde quedarte!

Recordé no meterme en problemas. Me acordé de la celda, donde también era así. ¿Quién sabe con el tiempo se convertiría en mi amigo? Tendría que adaptarme para vivir bien con él, ya que no se cambiaba de habitación con otros compañeros de piso, la rotación era solo en el servicio, nunca en la casa.

El tiempo pasó. Tuve mi trabajo, mis clases y mis compañeros de jornada fueron maravillosos. Pero la vida con mi compañero de cuarto era un infierno.

Estuve en la Colonia durante seis años y luego, en sorteo de tarea, fui elegido para trabajar con mi compañero de cuarto limpiando las aulas. Estaba preocupado porque él no me soportaba y terminé sintiendo una aversión enorme hacia él. A pesar de recibir instrucciones sobre esto en cada clase, era muy difícil llevarse bien con él.

En todas las tareas que realicé en esos seis años no tuve problemas con nadie. Intenté llevarme bien con todos mis compañeros.

El supervisor nos dio instrucciones para nuestras tareas. Mientras yo limpiaba un ala, él tenía que limpiar la otra, coordinando nuestro tiempo. Si uno terminaba antes, tendría que ayudar al otro.

Terminé de limpiar toda la sala que estaba a cargo. Cuando intenté saber si mi amigo había terminado, no había movido ni una pajita.

Estaba sentado en el primer salón de clases leyendo un libro.

Cuando me vio, se rio sarcásticamente:

– ¡Eres tú quien no hace la limpieza! – Y sin quejarse dijo –. Es bueno darse prisa porque puede aparecer el supervisor – dijo con calma.

– ¡Eso es asombroso! – Respondí enojado:

– ¡Estoy cansado de ti, bastardo! ¡Voy a buscar al guardián ahora mismo! Que sea lo que Dios quiera.

Llamé a la puerta segura del guardián e informé de lo que había estado sucediendo. El guardián pareció sorprendido y respondió:

– Interesante... Tiago es muy elogiado por todos sus compañeros de trabajo, así como usted.

Y levantándose, continuó:

– ¡Vamos allá! Quiero hablar con él personalmente y descubriré qué está pasando.

Tomé la iniciativa, pensando: "Dejemos de lado esta historia de una vez por todas. ¡No voy a aguantar más a este Tiago! Este demonio se ha infiltrado entre nosotros."

¡Abrí la puerta de la habitación y entré con todo! Tiago ya no estaba allí y la habitación estaba limpia y fragante. El guardián abrió habitación por habitación, todas limpias y bien organizadas; sinceramente, mucho más organizadas que la mía.

El guardián me tocó el hombro y, sonriendo, dijo:

– Ve a ver tu clase, debes estar cansado. Pero ten cuidado de no hacer juicios equivocados.

No entendía cómo era posible que él limpiara todo eso en cuestión de minutos. Pasé horas y vi con mis propios ojos que todo estaba fuera de lugar, polvoriento, mientras leía.

Al llegar a la habitación, Tiago me estaba esperando. Cuando me vio entrar, me atacó y peleamos como dos animales. Aunque le di un puñetazo, me llevé la peor parte de la pelea. Sangraba por mis fosas nasales y la habitación estaba hecha un desastre. Amenazándome me dijo:

– ¡Te lo dije! ¡Si quieres guerra, habrá una!

Corrí al baño y rápidamente me di una ducha, ya que necesitaba asistir a clases. Oí que alguien llamaba a la puerta del dormitorio y, pidiendo permiso, entró. Era el supervisor del área.

Salí corriendo del baño, él estaba parado frente a la puerta, y al verme me dijo:

– Deberá presentarse en la habitación 45 para recibir una advertencia por escrito. Recibimos un informe sobre el mal olor que emana de su habitación. ¡Veo que tu colega arregla la parte que le corresponde a él, mientras dejas todo tirado, solamente mira! Está prohibido traer comida a la habitación. ¡Mira tu mesa de noche! ¿No quedas satisfecho con la comida y la bebida recibida? Come todo lo que quieras en la cafetería, pero no traigas comida a tu habitación.

Miré a mi alrededor. Las pertenencias de Tiago estaban todas ordenadas y la cama bien estirada, mientras que las mías... Con mis pertenencias tiradas por todos lados no podía explicar el desorden.

Antes de la última clase, fui al salón 45 y allí estaba mi advertencia: *cuidar el patrimonio de la Colonia*. El supervisor revisaría la habitación diariamente. Si cometiera una infracción más, no recibiría una segunda advertencia, me trasladarían a una Colonia de indisciplinados. Y el trato allí fue muy diferente al que venía recibiendo.

Molesto, fui a mi clase y me dije: "Haré todo lo posible para no molestar a Tiago, debe estar enfermo espiritualmente."

Empecé a recordar que en la celda donde pasé tantos años también sufrí mucho con esos hermanos y aprendí a amar a cada uno de ellos, pero con Tiago no hubo acuerdo. No lo desafiaría ni me enojaría con él.

Volví a la habitación, limpié, recogí las toallas y la ropa sucia y las metí todas en el cesto.

Tiago estaba recostado boca arriba leyendo y parecía no notar mi presencia. Recé para vengar el sentimiento que estaba creciendo dentro de mí. Mi deseo, si pudiera, era matarlo, pero ¿y si ya era un espíritu? Entonces le pedí perdón a Dios.

Mientras me disponía a irme a dormir pensé: "¿Cómo logró hacer todo eso tan rápido? ¿Y cómo explicó nuestra habitación, con todas sus cosas en su lugar? ¿Qué truco usó?" Cuanto más pensaba en ello, más crecía mi dolor. ¡Haría cualquier cosa para deshacerme de Tiago! Nunca supe si realmente había sido correcto haber salido de la celda. Allí sufrí la soledad, pero no estaba Tiago. ¿Tal vez algún día alguien tomaría medidas y haría justicia? Esa noche me sentí mal, me dolía la cabeza, me faltaba el aire, me levanté triste, molesto y preguntándome si nuestros superiores estaban preparados para seguir nuestra vida: "¿No están viendo esto? ¿Cómo voy a soportar esta vida si Tiago no mejora su conducta?"

CAPÍTULO 5

La gran revelación

Los años pasaron muy rápido para los que estuvimos allí. Yo odiando a Tiago y él odiándome. A veces respiraba hondo y pensaba: "Si no fuera gracias a Tiago, incluso podría sentirme feliz en esta Colonia..."

Una tarde, estaba trabajando en el jardín cuando el supervisor me llamó para acompañarlo a la sala 45. Yo temblaba y palidecía de miedo: "Dios mío, ¿me trasladarán? ¿Qué había hecho Tiago por mí esta vez?" En el camino intenté recordar si dejé algo fuera de lugar.

Al entrar al salón, vi a uno de los profesores al otro lado de la mesa examinando algunos papeles. Tan pronto como nos vio, sonrió y dijo:

– Pasen, hijos míos, pasen.

Señaló una silla y dijo:

– Siéntate.

Permanecí en silencio, esperando lo que tenía que decirme. Mis manos sudaban de nerviosismo.

– Bien, hijo mío – comenzó –, colaboras con nosotros desde hace más de cien años. Te ha ido muy bien en todas las actividades. Eres trabajador y comprensivo, por eso decidimos ofrecerte una nueva oportunidad. ¿Quieres realizar el curso preparatorio de primeros auxilios para trabajar en la corteza terrestre?

¡Di un suspiro de alivio y lleno de alegría! Era el mayor premio de los reclusos poder salir con los guardianes, aunque fuera a las zonas oscuras, ayudando en los rescates. Fue maravilloso alejarse un rato de la rutina y la soledad.

– Sería una bendición para mí, maestro – respondí.

Me nominaron para el curso y me informaron que pronto partiría con los tutores. Salí radiante de la sala. Comenzaría mi curso al día siguiente y haría todo lo posible para absorber todas las enseñanzas posibles.

¡Oh! Era un sueño estar alejado de Tiago. Cualquier trabajo lejos de él sería el paraíso para mí. ¡Ha llegado el gran día! Me estaba preparando para abandonar la Colonia por primera vez. Si me adaptaba bien a las labores de rescate, estaría al servicio de los guardianes por tiempo indefinido. No pude contener mi felicidad...

Respiraría lejos de Tiago, lejos de ese tipo. ¡Estaría en el cielo! Subimos al autobús y continuamos nuestro viaje. Paramos poco después. Tomé la camilla junto con otro compañero y seguimos a los maestros para ayudar a rescatar a unos hermanos que acababan de llegar del Umbral.

En el lugar del rescate me encontré cara a cara con Tiago, que estaba en la otra expedición, la que cosechó antes que nosotros. Cuando me vio, miró con una mirada de odio y desprecio.

Seguimos trabajando bajo la responsabilidad de los guardianes. Todos los días salimos a trabajar en el rescate. Debo confesar que comencé a observar a Tiago y noté que tenía mucha habilidad para rescatar rebeldes.

Gracias a Dios entre los guardianes no me atacó, solo me miró con despecho. Solo una vez, cuando nos topamos, me dijo en voz baja:

– No se pierde esperando. No te olvidaré, créeme. El día que ponga mis manos sobre ti, dejaré mi huella.

El trabajo en esas regiones es ininterrumpido día y noche. Los espíritus se turnan: mientras unos actúan, otros descansan y se recuperan.

En una de estas expediciones entré a una cueva para sacar a un enfermo, pero terminé perdiéndome del grupo. No encontré al paciente ni el camino de regreso.

Caminé mucho tiempo y no encontré la salida. Vi una figura que venía hacia mí y grité:

– ¡Hola amigo! – El eco de mi voz hizo un ruido ensordecedor.

El otro, jadeando, respondió:

– Gracias a Dios encontré a alguien. ¿Eres del grupo de rescate?

– No amigo, estoy perdido buscando la salida – nuestras voces se duplicaron en ecos.

– Me perdí del grupo y no me siento bien, me quedo sin aire y me duele la cabeza. No veo nada, ¿puedes ayudarme?

– Claro amigo, vámonos.

Tomé su mano y caminamos de un lado a otro, pero no había señal de una pequeña luz que nos mostrara el camino de salida. La oscuridad era total, no podíamos ver nada, ni siquiera nuestras caras.

Nos sentamos exhaustos. El amigo jadeaba y se quejaba de sed. Sentado y orando a Dios para que nos ayudara, toqué un hilo de agua que corría por la pared de la cueva, recogí agua con ambas manos y se la puse en la boca de mi compañero.

Parece que el agua nos vigorizó, pues nos relajamos y nos quedamos dormidos. Me desperté recordando dónde estaba y preocupado por nuestra situación.

"¿Y si los guardianes pensaran que nos hemos escapado? ¡Dios mío, eso no!" Los que intentaron escapar perdieron todos sus años de crédito. Ya llevaba más de cien años en prisión, no quería perder mis créditos por nada. Si Dios nos ayudó, oré y pedí.

Mi amigo se movió y dijo:

– ¡Oh Dios!, ¿qué será de mí? Según mis cálculos, solo me quedan cincuenta años de sentencia, ¿y si creen que me escapé?

Pronto retomamos nuestra caminata, pero sin éxito. Oímos un ruido ensordecedor. La cueva tembló y nos quedamos quietos, entendiendo lo que estaba pasando. Volvió el silencio, solo escuchamos el eco de nuestras voces. Nos sentamos, vencidos por el cansancio. Descubrí que corrientes de agua corrían por todas partes de la cueva.

Bebí agua y se la di a mi compañero de desgracia. Estaba jadeando y quejándose, no podía ver nada, había perdido la visión.

Empezamos a hablar de nuestras vidas; después de todo, no nos habíamos presentado. Me dijo que le quedaban cincuenta años antes de ser liberado temporalmente. Había cometido algunos crímenes graves en su última encarnación. Me dijo que ayudó a su esposa a matar a un niño, obligándola a abortar un niño en el séptimo mes del embarazo. Dijo que le tenían terror a los niños, que solo por el dolor.

La idea de tener un hijo ya rondaba por su mente, cualquier locura estaba en su mente, ya que había sido despreciado por su padre cuando aun era un niño. Me dijo que odiaba a su padre, que era un cobarde, porque lo abandonó a él y a sus hermanos, dejándolos solos a su suerte. Después de fallecer, perdió contacto con su madre, sus hermanos y su esposa, extrañándolos mucho. Pero lo que realmente quería era ajustar cuentas con su padre. Tan pronto como se fuera, buscaría donde fuera posible para tener noticias de él.

No le importaba lo que pudiera pasarle después, pero quería golpear a su padre en la cara hasta vaciar la furia de su alma.

Ya había estado en muchas Colonias y siempre tenía un pensamiento: ¡encontrar a su padre!

– ¿Y tú? – Preguntó el amigo –. ¡Di algo sobre tu vida! ¿Cuánto tiempo te queda todavía?

Yo respondí:

– ¡Oh! Amigo mío, aun me quedan muchos años por pagar y ahora, ante esta situación, no sé cómo será cuando me rescaten.

Él rápidamente respondió:

- ¡Somos testigos unos de otros! Estamos en esta situación guiados por las mejores intenciones: rescatar a los hermanos enfermos.

–Te voy a contar un poco de mí – dije –. Durante mi reciente visita a la Tierra, cometí el mayor de los crímenes: me suicidé.

Después que le conté toda mi historia, permanecimos en silencio. Teníamos miedo de creer que éramos quienes estábamos imaginando. Nuestras historias de vida señalaron muchas evidencias.

Me arriesgué y pregunté:

– ¿Cómo te llamabas en la historia que me contaste?

Él me respondió:

–Jonás.

Me callé. Luego preguntó:

– ¿Y tu nombre en la Tierra? ¿Cuál era tu nombre en la historia que acabo de escuchar?

– José Carlos, casado con María y padre de tres hijos: Jonás era el mayor – respondí.

Permanecimos en silencio. Las lágrimas corrieron por mi rostro. ¿Me habría sido posible haber encontrado a uno de mis hijos? ¡No! ¡Fue una coincidencia! No tenía derecho a conocer a ninguno de mis familiares...

Fue él quien dijo:

–Creo que te encontré. Quería matarte, pero tú ya estás muerto. Ya no puedo hacer esto y lloró como un niño.

Intenté abrazarlo, pero gritó:

– ¡No te acerques a mí, hipócrita! Te odio, arruinaste nuestras vidas, tuviste la culpa de todo. ¿Sabías que una de tus hijas se prostituyó? ¿Y que uno de tus hijos fue el asesino de su propio hijo?

Le dejé desahogar todo su dolor hasta que se quedó en silencio.

Entonces le dije:

—¡Jonás, por el amor de Dios, dame una oportunidad, hijo! Juntos podemos reconstruir nuestras vidas, saldar nuestras deudas. Si Dios nos ha concedido esta oportunidad, ¿por qué nosotros, hijo mío, no podemos ofrecernos la misma oportunidad unos a otros? Creo que Dios preparó este encuentro. Este es el lugar más apropiado para reunirnos. Perdóname, Jonás. A pesar de todo el daño que te causé a ti y a tus hermanos, siempre te amé.

El sufrimiento acerca las almas a Dios. Jonás jadeó y le puse agua en la boca. Pasamos una buena temporada caminando en busca de la salida, sin encontrarla. Caminamos en silencio, pero nos ayudamos mutuamente.

Un día mi hijo me dijo:

– Quiero parar, no quiero y ya no puedo caminar.

Nos sentamos y permanecimos en silencio, puse la cabeza de mi hijo en mi regazo, acaricié su rostro, recordando mi alegría cuando nació. Nos sentamos en la oscuridad de la cueva, pero iluminados por la llama del amor, y le conté muchas historias. Me hizo preguntas y ya me llamó papá.

Estábamos tan acostumbrados el uno al otro y tan apegados el uno al otro que ya no podíamos estar separados. Entonces le pregunté:

– Hijo, ¿en qué Colonia estabas antes de venir a la zona de rescate?

Me asusté cuando me respondió que vivía en la misma Colonia que yo. Y añadió:

—Me trajeron a esta Colonia casi a la fuerza. Me dijeron que sería genial para mí. ¡Incluso pensé que encontraría a mi madre o a mi esposa, pero no encontré a nadie! Comparto habitación con un chico al que no soporto desde que lo vi. Incluso me arrepiento de tantas cosas por las que le he hecho pasar. No puedo explicar por qué, papá, pero ni siquiera soporto escuchar su voz. Todavía no ha aprendido, o ya no recuerda, cómo utilizar las energías mentales para ejecutar ciertas tareas. Lo he dejado en ridículo varias veces e incluso le hice recibir una advertencia. Estoy arrepentido, no sé por qué no me gusta, pero es inocente. Si vuelvo a la Colonia le pediré disculpas y trataré de vivir en paz con él. Pero me gustaría vivir contigo, padre.

Estreché la mano de mi hijo y respondí:

– Vamos a seguir juntos, no te preocupes. También hice muchas cosas estúpidas con mi compañero de cuarto y él era inocente.

– ¿Y en qué Colonia estás?

– En la misma Colonia que tú, Jonás, compartiremos la misma habitación. Si nos llega ayuda y volvemos a nuestra Colonia, seremos padre e hijo.

Nos abrazamos, lloramos y terminamos riéndonos el uno del otro.

– Cuántas tonterías hicimos, hijo. Dios nos unió de maneras tan extrañas. En esta cueva oscura fuimos iluminados por la luz del amor.

La visión de Jonás se recuperó, mejoró y continuamos nuestra caminata. Un día escuchamos un ruido y una luz que penetraba por una grieta de la cueva.

Gritamos pidiendo ayuda y escuchamos la siguiente respuesta:

– Espera donde estás, no salgas de tu lugar. Pronto te llegará ayuda.

Fuimos ayudados por nuestros tutores, les explicamos lo que nos pasó y uno de ellos respondió:

–No necesitas disculparte. Lograste recuperar un valor muy grande perdido en el tiempo: el amor y el respeto entre ambos.

– ¡Ven, vámonos a casa, Tiago o Jonás! Tengo una gran noticia que contarte.

Jonás nos miró a él y a mí sin entender. y el guardián continuó hablando:

– Dentro de unos días más recibirás tu libertad provisional, ya que han pasado alrededor de cincuenta años mientras estuviste en la cueva.

– Dios mío, ¿sería posible? ¿He estado con mi hijo todo este tiempo?

– Sí, lo fue. Valió la pena, ¿no? – Respondió el guardián.

Llorando, agradecí al guardián por mí y por mi hijo. De regreso a la Colonia disfrutamos cada momento juntos. Jonás quería pedir para quedarse conmigo, terminé convenciéndolo para que se fuera y rehiciera su vida. Estaríamos juntos a partir de entonces, sin importar nuestro estado, encarnado o en espíritu.

Molesto, acabó aceptando mi pedido. Cuando llegó el día de partir, le recomendé que luchara para reunirse con su esposa y recuperar su derecho a la paternidad.

Sin Jonás, me sentí muy solo. Me encontré llorando por todas partes. Cómo permanecemos ciegos incluso en el mundo de los espíritus Pasé cien años al lado de mi hijo y no pude verlo.

Jonás regresaría a una Colonia donde tendría grandes posibilidades de reencarnar, pudiendo reencontrarse con uno de nuestros familiares.

Después de su partida no tuve más noticias. La soledad y la desesperación me llevaron al pasado y, a veces, me encontraba pensando en Plinio y otros amigos con los que compartí celda durante tantos años.

¿Dónde estarían? ¿Regresaron a la Tierra? ¿Se habrían reunido con sus familias? Nuestra amistad sería eterna. Algún día me gustaría saber su paradero.

Estudié, trabajé y pasó el tiempo. Llegó mi día... estaba ansioso, preocupado y, a la vez, triste, porque hice muchos amigos en esa Colonia.

Una mañana temprano, me llamaron a la oficina de nuestro mentor principal, quien me entregó una carpeta que decía:

– Aquí está todo el procedimiento de tu proceso. Las recomendaciones son las mejores posibles. Sigue adelante, porque creo que estás preparado espiritualmente para iniciar una nueva vida llena de paz y alegría. Un automóvil te llevará hasta donde deberás comenzar tu caminata sobre la corteza terrestre.

Me despedí de mis amigos y profesores y me embarqué con mi maletín bajo el brazo, lleno de esperanza.

Fue así que llegué a la Tierra.

CAPÍTULO 6

El Descubrimiento

Pedro, que me había estado escuchando en silencio, estaba de pie en el umbral de la cabaña con los ojos perdidos en la inmensidad del infinito. Miraba a las estrellas que aumentaban en números visibles.

Cuando dejé de hablar, entonces dijo:

– Bien, amigo, tu historia es larga, pero veo que aun te quedan muchos caminos por recorrer. Tendremos largos días y largas noches para hablar de nuestras vidas. Ahora mismo tengo algo sumamente importante que enseñarte: ¡volitar! Y algunas cosas más, por ejemplo: mantener limpia la ropa, el pelo y la barba. La limpieza del cuerpo espiritual es tan importante como la limpieza del cuerpo carnal – Y me preguntó –. ¿Estás preocupado por encontrar a tu familia o también quieres trabajar? El trabajo, además de proporcionarnos bonificaciones necesarias para nuestra supervivencia, también llena el vacío de nuestra soledad y nos aporta experiencia, respeto y dignidad.

– Pero ¿qué trabajo puedo hacer? ¿Quién va a emplear a un muerto? – Pregunté.

– Si estuvieras muerto no estarías aquí. No digas tonterías y trata de no caer en las mismas trampas del pasado – me respondió.

– Lo siento amigo. Creo que pasé tanto tiempo sin libertad que ahora no sé qué hacer con ella. Quiero trabajar, sí. Necesito hacer algo bueno por mí mismo y le entregué la carpeta –. Mira, aquí tienes información sobre mí, puedes leerla.

Abrió la carpeta, examinó la documentación y respondió:

– Conozco esta Colonia. Es una de las más renombrados como reformatorio para espíritus deudores de la Ley Mayor. No te resultará difícil ser aceptado como voluntario. Verás, el trabajo no es nada fácil y, como en la Colonia donde has vivido en los últimos años no se aceptan ausencias ni retrasos. Los mayores puntos conseguidos por los trabajadores son precisamente no ausentarse, no llegar tarde, no descuidar sus tareas y realizar su trabajo con buena voluntad. Te voy a llevar hoy a una de las casas donde doy asistencia como voluntario. Te presentaré a los responsables, quienes analizarán tus capacidades y decidirán si puedes incorporarte a la organización de trabajadores de la casa. Acepta cualquier trabajo y trata de recordar las lecciones aprendidas en la Colonia donde viviste, porque sin humildad no hay caridad, sin caridad no hay caminos, sin caminos no hay cómo caminar.

Yo estaba muy emocionado. ¡Qué bondadoso fue Dios conmigo! Cuando pensé que estaba solo, encontré un hermano y un amigo dispuesto a ayudarme.

También recordé lo que aprendí de los maestros: no hacer tantas preguntas cuando encontramos una mano que nos levanta del suelo.

Pedro debería serlo. Era un espíritu muy solitario, que vivía solo en la cima de esa montaña, pero estaba claro que tenía buen carácter y era muy digno.

Ese mismo día, por la tarde, recibí la lección más grande de mi vida: aprendí a limpiarme, creando energía a partir de la purificación; acción tomada de la naturaleza. Cuando estamos en Colonias espirituales es fácil para el espíritu dominar esta técnica, pero en la Tierra es muy difícil. Si no recibimos ayuda de quienes conocen los secretos de la naturaleza, comenzamos a deambular por las calles perdiendo la noción del tiempo.

Fuimos a la orilla del mar y Pedro luego me guio:

– Afirma tu pensamiento sobre cada gota de agua del mar, analiza y valora su poder de limpieza, curación, fortaleza; respira a fondo y atrapa el aire entrante. Con tus pensamientos ligados a cada gota de agua, libera el aire y forma a tu alrededor la grandeza de este océano. Mira dentro de ti, siéntete uno más de tus seres vivos y felices, limpios y sanos. Siéntete como uno de ellos.

Entonces seguí a Pedro. En ese momento sentí que estaba acompañado por un maestro amable y sabio.

Empecé a entrar en una melodía maravillosa, la sensación era de ligereza. Me sentí como una pluma flotando. En ese trance me sumergí en las aguas del mar y me vi resplandeciente, con ropa nueva. Cuando abrí los ojos, tenía exactamente el aspecto que quería: pelo recortado, barba y ropa limpia y bien cuidada. El agua del mar me golpeó y la sensación fue maravillosa: cuanto más tocaba mi cuerpo, más fuerte me sentía. Estaba tan encantado como un niño que acaba de recibir el mejor juguete de su vida. Sonreí como nunca antes había sonreído. Lloré y canté de alegría, el sentimiento era de pureza y libertad.

Me sentía liviano, pero tan liviano, que miré al maestro Pedro y le pregunté:

– Maestro, ¿puedo volitar?

Él, como siempre serio y sereno, respondió:

– ¡Puedes hacerlo! Avanza más sobre las olas del mar, hasta donde están esos pescadores. Ayúdalos a soltar sus redes y luego regresa. Te estaré esperando. Estoy orgulloso de tu amabilidad, porque acabas de aprender algo y ahora te propusiste ponerlo en práctica.

Aun inseguro, tragué y pregunté:

–¿No corro el riesgo de ir solo? ¿Y puedo bucear sin saber nadar?

–Hermano mío, ¿alguna vez has asistido al entierro de un espíritu? ¡No conozco los cementerios donde están enterrados los espíritus que se ahogaron! Nunca supe del certificado.

¡Ninguno de ellos murió! – Respondió Pedro riendo –. ¡Puedes ir sin miedo, no corres riesgo de morir! – Dijo, dándome palmaditas en la espalda.

Estaba pensando en lo que acababa de escuchar y luego añadió:

– Tenemos que arriesgarnos a sumergirnos en la oscuridad y volar hacia el cielo. Necesitamos aprender a entrar en cualquier lugar donde haya oscuridad y donde haya luz, como nos enseñó el Maestro. Necesitamos aprender a dejar la luz sin resentirnos, así como el Maestro dejó el cielo cuando se arriesgó en la Tierra como hombre.

Estas palabras me llenaron de coraje. Abrí los brazos y lentamente mi cuerpo se elevó. Firmé una mente abierta sobre lo que pretendía hacer. Pronto estuvo en el barco, junto a tres pescadores que luchaban por sacar una red que estaba atascada.

Me zambullí y bajé hasta el fondo del barco. ¡Qué espectáculo tan maravilloso! Los peces moviéndose de un lado a otro, jugando. Solté la red que estaba sujeta al casco del propio barco.

Vi alegría en los ojos de los pescadores. Uno de ellos comentó:

– Soy devoto de San Pedro, el "pescador", pedí mucho su ayuda y la recibimos. Respondí sonriendo:

– ¡No sé si es un santo, pero fue Pedro quien le pidió que los ayudara!

Los pescadores recogieron el pescado y se prepararon para regresar. Yo todavía estaba con los brazos abiertos, mirando a la orilla del mar, cuando escuché al otro pescador decir:

– Hoy es el día de cumplir mi misión, por eso necesito llegar a casa a tiempo, apurémonos.

"¿Cuál es la misión de este tipo?" – pensé.

Como en un sueño pasé sobre las olas como un águila en vuelo y llegué donde estaba mi maestro y él me invitó a acompañarlo a un paseo.

Caminábamos por la acera y, en un momento, vi a un chico en bicicleta saliendo de una calle y un coche que venía por el otro lado. Antes que terminara de pensar, Pedro se paró frente al auto y empujó al niño hacia la acera. Estaba pálido y temblaba de pies a cabeza. Corrí hacia el maestro, que todavía estaba en el suelo. Estaba jadeando porque el shock había sido violento y me preguntó:

– ¡Cuida al niño! ¡Cuida al niño!

El niño entró en pánico, todo preocupado. Sangraba, pero no había fracturas. La bicicleta estaba torcida. El conductor del auto gritó:

– ¡Mocoso irresponsable! ¡Mira lo que le hiciste a mi auto!

Subió al auto y salió a gran velocidad. Algunas personas se acercaron al niño e, indignadas, comentaron la actitud del conductor. Alguien preguntó:

–¿Anotaste el número de matrícula?

El niño lloró mientras una persona lo subía al auto para llevarlo a emergencias. El maestro Pedro simplemente lo siguió con la mirada.

Tan pronto como se llevaron al niño, el maestro me invitó a seguirlo. Todavía estaba en shock y pensé: "¿Cómo logró ser tan rápido?"

El maestro Pedro, sin levantar la cabeza, dijo:

– Es necesario que estemos siempre atentos, pues todo el tiempo suceden imprevistos, tanto para los encarnados como para los desencarnados. Pero no siempre es posible llegar a tiempo para liberar a los inocentes de estos hermanos inconscientes. Ten siempre presente, José: si estás caminando por la tierra, por el agua, por el aire o dondequiera que estés, no permitas la muerte de una flor, de una hormiga o de un hermano encarnado si puedes evitar estos accidentes. Muerte física accidental o natural, solo con permiso del Padre Mayor, y no por irresponsabilidad o descuido.

Seguí al maestro en un fantástico vuelo de regreso a la cima de la montaña. Me sentí ligero como una pluma. La sensación era indescriptible: solo aquellos que desarrollaran esta técnica divina la entenderían.

Entramos en la cabaña. El maestro Pedro me aconsejó descansar un poco, ya que mi tarde había estado llena de emociones. Me avisó que pronto me llevaría al lugar donde trabajaba como voluntario.

– Descansa un poco. Necesito irme, pero regresaré a tiempo para que podamos ir allí.

Cerré los ojos y pronto me quedé dormido. No sé cuánto tiempo permanecí en ese estado de reposo total, pero desperté con el maestro Pedro sentado frente a dos tazas de café y dos panes.

Después de nuestra breve comida, me advirtió:

– Límpiate y prepárate, porque es hora que nos vayamos.

Cerré los ojos y pensé en lo que había aprendido. Hacerme sentir fragante. Miré mi ropa y estaban más bellas, con colores más fuertes y brillantes. Volitando, nos fuimos. Seguí al maestro, vi coches y gente caminando por las calles. Algún tiempo después, el maestro me indicó que bajara lentamente.

Llegamos frente a una casa sencilla, donde dos guardias en la puerta permitieron la entrada a algunas personas y bloquearon a otras.

– Bienvenido entre nosotros – me dijeron. Entonces Pedro me presentó a los guardias y les dijo:

– Este hermano será presentado al mentor principal y, si es aprobado para las tareas del hogar, será uno de nuestros colaboradores.

Los guardias me estrecharon la mano y, sonriendo, dijeron:

– Si Dios quiere, serás un hermano más para fortalecer la cadena de nuestra casa.

Entramos a una habitación sencilla, limpia y luminosa, donde algunas personas paseaban preparando una mesa y colocando flores, agua, etc. En la antesala había otras personas sentadas en sillas modestas.

Pedro me invitó a acompañarlo al piso de arriba. La habitación sobre el pasillo era puramente espiritual, no percibida por los ojos humanos. Esto sucede en todas las casas espirituales.

Al entrar en esa habitación, noté muchos seres iluminados. Sus ropas se parecían a las de los maestros de la Colonia donde me encontraba, pero no reconocí a ninguno de ellos. Eran hombres y mujeres con trajes luminosos. Cuando vieron entrar al maestro Pedro, mostraron alegría.

Pedro me presentó:

– Hermanos, este hijo de Dios vino en busca de trabajo y ayuda. Les pido a todos que colaboren para ayudarlo. Lo llevaré con nuestro mentor principal y pediré por él.

Todos me abrazaron fraternalmente y uno de ellos dijo:

– Bienvenido entre nosotros, hermano. Si eres aprobado para las tareas, estaremos encantados de ayudarle en todo lo posible.

Llegamos a una habitación luminosa y la puerta estaba abierta. Entre los iluminados, vi a un indio arrodillado con las manos juntas, que parecía estar orando en silencio. A su alrededor había muchos mentores luminosos, cuyas ropas deslumbraban mis ojos, tal fue el brillo. Hablaban de amor, justicia, paz, caridad.

¡Hermosas palabras!

¡Me quedé impresionado! ¿Cómo podría existir una habitación invisible a los ojos del encarnado? Escuché atentamente las palabras de los maestros y, al mismo tiempo, me pregunté: "¡Tantos mentores respetables y ese indio delante de ellos! ¿No sería eso perturbar a los mentores? ¿Será que los mentores recogieron al pobre para enviarlo a alguna Colonia de tratamiento? Bueno, sea lo que sea, yo también estoy aquí esperando una oportunidad. Que Dios ayude a este pobre hermano infeliz a tener paz. Sé lo que es el sufrimiento cuando entramos en el camino de la ignorancia."

Después de terminar la oración, los maestros se dirigieron a nosotros, incluido el indio.

– Gracias Pedro por traer a este trabajador para ayudarnos en las grandes obras de nuestro Padre – dijo el indio –. Formará parte de la cadena de nuestra casa, quedando a tu cuidado y trabajando con los demás voluntarios registrados.

Todos los seres iluminados que rodeaban al indio me bendijeron sin alejarse ni moverse del punto donde se encontraban.

Peter, volviéndose hacia mí, dijo:

– José, este es nuestro mentor principal.

Me quedé sin palabras, avergonzado por mis pensamientos, porque me di cuenta que el indio era un ser iluminado, amado y respetado por todos. ¡Y pensé que era un espíritu perdido!

Pedro agradeció a todos y me llevó a la sala donde, me dijo, se realizaría su trabajo y el de los demás voluntarios.

Estaba al lado de un joven amigable llamado Manoel, a quien el maestro Pedro le pidió que me indicara qué hacer.

Él y otros maestros entraron en una niebla plateada a través de la cual no se podía ver nada. Y apareció una luz; de repente vi claramente que estaban unidos a sus médiums, y luego recordé cuando conocí a Pedro por primera vez. Asombrado, me di cuenta y entendí que este es el sentimiento de los médiums que se unen con los maestros, el sentimiento de ser apoyado por el maestro es divino.

Escuché los consejos de mi maestro a los que estaban en la cama. Pedro habló con tanta confianza y energía que conmovió a todos los presentes. Nadie habló, todos prestaron atención a sus palabras. Algunos encarnados le hicieron preguntas, a las que él respondió con bondad y sabiduría.

Me quedé perplejo, sabía que era sabio, pero nunca pude imaginar que haría un trabajo tan noble. Vi cómo todos lo respetaban. Y después de lo que pensé del indio... ¡era el jefe!

Empezaron a llegar hermanos sangrando, heridos, enojados. Algunos sonrieron, otros lloraron, algunos pidieron ayuda, otros maldiciendo. Los voluntarios entraron en acción: médicos, enfermeras y muchos otros especialistas de diversas áreas corrieron de un lado a otro ayudando a los enfermos.

Me impulsó el deseo de ayudar, de hacer algo por mis hermanos que sufren. Estaba tan involucrado en ayudar a los pacientes que ni siquiera me di cuenta del tiempo. Cuando terminamos de acomodar a los últimos pacientes, me di cuenta que ya no había ningún encarnado dentro de la habitación. Todos los maestros estaban trabajando, incluidos los de trajes iluminados, el indio, líder de aquella expedición, transmitía fuerzas a todos y daba energía a los allí reunidos. Manoel me dijo que sacaba energía de la naturaleza, principalmente en los bosques, purificaba el aire y administraba medicinas. También dijo que fue uno de los grandes científicos del Astral mayor.

Esa noche comprendí la fuerza de la naturaleza representada y contenida en aquel indio. Hizo todo eso por amor a cada hijo de Dios. Seguí pensando y observando al humilde indio. Recogió las energías de la naturaleza y las ofreció a otros voluntarios, que trabajaron en conexión con las necesidades de los encarnados en la Tierra.

Observé a los maestros que, después de terminar su trabajo sirviendo y cuidando a los desencarnados, continuaban consolando y apoyando a todos los enfermos. Fue una bendición de Dios haber encontrado al maestro Pedro.

Vi en los ojos firmes y bondadosos de aquel maestro un camino para volver a casa, una esperanza de felicidad. El camino era el trabajo, la conciencia, la humildad y la confianza en Nuestro Señor Jesucristo.

CAPÍTULO 7

La gran misión

Miré hacia arriba y vi que los primeros rayos del Sol aparecían en el cielo, anunciando el amanecer. Los maestros se abrazaron y se despidieron, agradeciendo por un día más de trabajo en comunión con Cristo.

El indio vino hacia mí. No me desmayé solo porque mi cuerpo era espiritual, pero me quedé helado, temblé de pies a cabeza: "Y ahora me va a dar una lección moral por los pensamientos equivocados que tenía sobre él."

Acercándose a mí, me abrazó y dijo:

– Gracias hijo por tu aporte. ¡Estamos felices de tenerte con nosotros! Bienvenidos entre nosotros, todos somos hijos de Dios, y si estamos juntos es por Su voluntad. Confieso que este día marcó tanto mi vida que hoy, con solo recordarte, mis ojos se llenan de lágrimas.

En el camino de regreso caminé junto a alguien que, ahora estaba completamente seguro, era un maestro iluminado. Seguimos uno al lado del otro en silencio, pero felices de haber contribuido a las obras de caridad de aquella casa.

La belleza del amanecer me encantó, conmovió mis emociones. No me perdí ningún detalle. Los pájaros abandonaron sus nidos en busca de alimento y compartieron la alegría del nuevo día con maravillosos cantos. Recordé el amanecer en la Colonia: rezamos nuestras oraciones, cantamos himnos de alabanza a Dios. Y ahora estaba en la Tierra, comenzando mi día con los pájaros.

Al llegar a la cabaña, el maestro me recomendó descansar, diciendo que ese primer día de trabajo había perdido mucha energía, y que con el tiempo adquiriría y conservaría campos de resistencia y fluidos positivos, que me ayudaría a permanecer más tiempo en acción junto a mis hermanos que sufren sin perder la resistencia espiritual.

Se fue, dejándome acostado en la suave cama, y pronto estaba soñando. Volitaba en el sueño, fue maravilloso. Pasé por muchos lugares hermosos, floridos, iluminados, pero, de repente, entré en un lugar seco, triste y lleno de sufrimiento. Llegué a un lugar donde dos jóvenes estaban hablando. Uno de ellos le dijo al otro:

– ¡Estoy metido en un montón de problemas! Lucía está embarazada, ya le dije que se sacara al bebé. ¡Y ella, con esa tontería de ser espírita, dice que no se lo quita!

– ¿Y qué piensas hacer, Mário? – preguntó el otro.

– ¡No lo sé, Juan! ¡No quiero este niño en absoluto! ¡Justo ahora que todo está funcionando en mi vida! Tengo una oferta de trabajo que es mi gran oportunidad. Estaba pensando en invitarla a salir de la ciudad y, lejos de sus familiares, obligarla a abortar. ¿Podrías ayudarme con esto?

– ¿Yo? ¿Te volviste loco ¿Cómo podría ayudarte?

– Es simple, tú haces la medicina, es fácil encontrar medicinas, equipo adecuado y hacer lo que hay que hacer. Si este escándalo fuera raro en mi vida, sería el final de mi carrera, ¡ya que tengo la oportunidad de firmar un contrato millonario por cinco años! Pagaré bien, tú puedes ir montando tu consultorio, y en cuanto termines la universidad tendrás tu camino listo. Además, ¡eres mi mejor amigo!

Me acerqué a los dos jóvenes y les grité:

– ¡No hagan eso, por el amor de Dios! Es un crimen que los retrasará en su viaje. No hagan estas tonterías. Puedo contarles cómo fue mi vida porque cometí un delito. Pero ninguno de los dos me oyó ni me vio. Mientras discutían los detalles, entre lágrimas le rogué a Dios que no permitiera este crimen.

En pensamiento, oré y le pedí al maestro Pedro que me ayudara a resolver esa situación. En esa angustia sentí que alguien me tocaba el hombro, era el maestro Pedro.

- ¡Maestro, escúchame! ¡Quieren matar a un niño! Por favor ayúdalos. Intenté hablar con ellos, pero no me vieron ni me oyeron.

El maestro Pedro se acercó tranquilamente al joven que estudiaba Medicina, con una mano derecha en alto y la otra hacia el corazón del chico. El maestro parecía flotar, sus pies estaban por encima del suelo. Cerró los ojos y oró en voz baja.

El muchacho que ya había aceptado ayudar al otro se levantó y, en un gesto impetuoso, dijo:

- ¡Mário, olvida todo lo que acordamos! ¡Nunca haría eso! ¡Estudio para salvar vidas y no para eliminarlas! ¡Quiero ser médico, no asesino! Te considero mi hermano. Y en consideración: a nuestra amistad tengo otra idea que podría ayudarte.

- ¿Qué propones? - Preguntó el otro angustiado.

- Asumo la paternidad de tu hijo, siempre y cuando asegures su futuro y el de su madre. Creo que es justo que los apoyes en términos materiales.

- Hablaremos con Lucía, ya que ella también es mi amiga y entenderá tu posición. Voy a ayudarlos a los dos, porque Lucía me gusta tanto como tú. Su romance se ha mantenido en secreto, por lo que será fácil convencer a sus padres que soy el padre del niño; ¡No te conocen en absoluto!

- No lo sé, Juan, no lo sé... pero, en cualquier caso, vamos a intentarlo. Te daré una buena cantidad de dinero, puedes hacer lo que quieras. Lo que no puedo hacer es perjudicarme en este momento tan valioso de mi vida.

Me sentí aliviado, pero ¿cómo logró el maestro penetrar la mente de ese chico?

Los dos jóvenes se alejaron hablando, yo me postré ante el maestro en agradecimiento. Vi una mirada de aprobación ante mi solicitud de ayuda.

Abrí los ojos y estaba acostado en la cama, sudando y temblando. Busqué a Pedro, pero no estaba en la cabaña. Me levanté, tomé un vaso de agua y salí a respirar un poco de aire.

El Sol ya estaba saliendo en el cielo. "¿Dormí tanto tiempo? ¿Dónde estaría el maestro?" Lo estaría esperando.

Como aprendí, me limpié y renové mi ropa con la fuerza de la mente. De repente, sentí ganas de intentar usar el poder de mi mente para ordenar la cabaña, cambiar la ropa de cama y ordenar todo.

Quedé encantado con el resultado. ¡Incluso le puse flores dentro! Hice café y pasteles calientes. No podía soportar ser tan feliz.

Pedro entró y batió palmas, diciendo:

– ¡Felicitaciones! ¡Veo que lo estás haciendo mejor de lo que esperaba! Ver esta cabaña, ¡qué lujo! ¿Y ese café? Aparentemente es mejor que el mío.

Le entregué una taza y serví otra, mirando al maestro para ver si realmente lo aprobaría.

Él, tomando lentamente su café, dijo:

– ¡Confieso que nunca me esforcé en hacer un café tan bueno! ¡Sí, hiciste un café de primera!

Se levantó y dijo:

– ¿Vamos a trabajar?

Yo, ya de pie, pregunté:

– ¿A dónde vamos hoy?

– Ayudaremos en un hospital, ¿qué dices?

– ¡Mientras aprenda de ti y de otros maestros, no me importa dónde!

Pedro se detuvo en la puerta y dijo:

– Limpia todo antes de irnos.

Con orgullo, pensé en lo que había que hacer. Todo estaba limpio y en su debido lugar.

Volvimos a bajar de la montaña. Encontramos a muchos niños jugando con las mariposas que volaban sobre los charcos de agua limpia. Las mujeres lavaban ropa y hablaban sobre su vida familiar. Conocía bien la sencillez de aquellas mujeres.

Me acordé de María. Nuestra vida en el campo fue algo que dejé atrás y ya no tenía ninguna esperanza de regresar.

Yo estaba en la Tierra y ella ciertamente estaba en el cielo.

En el hospital conocimos nuevos amigos, todos felices y de buen humor. Íbamos a ayudar en las salas, en los quirófanos, en las salas de espera, en las morgues... El trabajo en un hospital es similar al trabajo en cualquier Colonia de socorro.

Ya era entrada la noche cuando llegó otro equipo para hacerse cargo de la actividad. El maestro Pedro y yo nos despedimos de nuestros amigos y partimos hacia nuestra cabaña.

Estaba feliz de haber ayudado a tanta gente, pero me sentía muy fatigado, estaba cansado. Ya en la cabaña, el maestro me invitó a sentarme en una roca cercana. Hice lo que me recomendó: cerré los ojos y pensé en Dios.

Sentí una lluvia fragante caer sobre mí. Me sentí tan ligero, tan bien, que podía empezar de nuevo cualquier tarea laboral en ese mismo momento.

– Puedes abrir los ojos – dijo Pedro.

Me encontraba en una cascada de aguas azules que caían delicadamente sobre piedras blancas cristalinas. El indio, que era el principal mentor de aquella misión, estaba sentado en lo alto de la cascada, vertiendo fluidos perfumados que se mezclaban con las aguas.

Con una seña me invitó a entrar al estanque de agua cristalina. Acompañé al maestro Pedro, tuve la impresión que el agua penetraba en mi cuerpo espiritual, pues daba una sensación de ligereza, alegría, paz y vigor. Mientras flotaba, vi un arcoíris que irradiaba sus colores en las claras aguas de la piscina. Me eché a reír porque no sabía nadar, pero estaba flotando en el agua.

Cualquiera que entrara en esa piscina quería quedarse allí para siempre. Tenía los ojos cerrados, flotando como una hoja, cuando escuché la voz del maestro Pedro invitándome a salir de la piscina.

–¿Volvemos a nuestro lugar de trabajo? – Preguntó.

Lleno de vigor y energía, respondí:

– ¡Sí, estoy listo, maestro Pedro!

Fuimos a trabajar a un sanatorio, donde había muchos enfermos infectados por enfermedades espirituales.

Varios hermanos sufrientes estaban vinculados a las mentes de aquellas criaturas que chupaban su energía. Algunos habían perdido el control de sus propias emociones, ya no reaccionaban ante nada, ni ante la alegría ni ante el sufrimiento. Sus cuerpos y mentes fueron infectados por espíritus llamados vampiros espirituales, que chupan toda la vitalidad y energía de los encarnados. Con tristeza, observé que el 80% de los ingresados en sanatorios y considerados locos eran portadores de enfermedades espirituales, transmitidas por espíritus del bajo astral.

El trabajo fue arduo, pero gratificante, por lo que me involucré en nuevos trabajos y nuevas técnicas de recuperación. Empecé a dormir menos, a comer menos y a vivir más.

En mis horas de descanso espiritual, corría por el borde del mar y observaba toda la inmensidad de la magnífica obra del Padre, extraje energía de las aguas y las acumulé en mi ser, como aprendí del maestro Pedro. Seguí mirando a los pescadores con cariño y admiración. Tuve mucha afinidad con uno de ellos, que en el más era cariñoso y consciente, mientras devolvía los peces y otros seres pequeños al agua.

Este pescador también era voluntario en una de las casas donde yo trabajaba como voluntario. Era un médium. Me gustaría ver incorporado al maestro Pedro. La misma admiración y el mismo respeto que yo le tenía al maestro él también lo tenía.

El maestro, incluso desde la distancia, siempre estaba observando a aquel pescador. A veces incluso sentí un poco de celos, un celo sincero y sin malicia, del cariño que el maestro le tenía al pescador, al que llamaba "mi hijo."

Pasó el tiempo, ya habían pasado más de diez años desde que estuve allí aprendiendo y enseñando. Ya no hablé del tema de mi familia con ninguno de los maestros. Estaba rodeado de tantos profesores, amigos y compañeros de trabajo que no sería justo hablar de soledad o falta de familia. Solo en mi tiempo libre iba a la playa a pensar. "¿Dónde estaría Jonás?" Y no pude contener las lágrimas, estaba llorando de verdad. "¿Dónde estaría María? Mis otros hijos, mis padres, mis amigos de celda... ¿Dónde, dónde estarían?"

El amor nunca se desvanece del corazón de la persona que ama. Amaba a los que dejé atrás. De mi pasado, lo único bueno que conservaba y de lo que nunca me desharía eran los recuerdos. Los guardé como un tesoro escondido dentro de mí. No los perdería por nada.

Recordé la Colonia donde me recuperé de muchas heridas espirituales, mis amigos, y me pregunté: "¿Será que, en mi ansiedad por encontrar a mi familia, lo que hice fue alejarme aun más de ellos?"

Estaba en la Tierra, había encontrado buenos amigos y estaba cumpliendo una tarea misionera, pero ¿hasta cuándo?, ¿qué me podría pasar en la Tierra? ¿Qué pasaría si nunca más pudieras regresar al plano espiritual? No quisiera ser para siempre un residente de la Tierra sin un cuerpo físico, sin un hogar, sin una familia, sin un nombre.

CAPÍTULO 8

Buenas noticias

Fuimos a la casa espiritual. Era un día de trabajo normal, como todos los demás. Allí había cientos de personas enfermas y sufrientes.

Ya estaba tan acostumbrado a que todos vieran visitas a la casa que extrañaba cuando alguien estaba ausente. Principalmente porque los maestros que trabajaron con esas personas trabajaron sin su mayor instrumento: Los médiums.

Nuestro principal mentor, de vez en cuando, se incorporaba a algún médium. Esto no era común, pues sus tareas no le permitían estar alejado de su punto energético por mucho tiempo, pues todas las energías utilizadas y aplicadas a los pacientes eran suministradas por él. Además de equilibrarnos con fluidos de la naturaleza, apoyó las voces de los líderes de esa casa y de todos los participantes voluntarios.

Ese día, que nunca olvidaré, nuestro guía principal advirtió a todos los trabajadores que prestaran atención a sus tareas, ya que él se convertiría en el líder de la casa. Dijo que ese día fue muy especial, tanto para los encarnados como para los desencarnados. Presentábamos la máxima atención a todo lo que decía, porque su sabiduría era infinita.

Una fuente de energía unía a encarnados y desencarnados. Luego de repartir bendiciones a todos sus hijos, anunció que antes de partir haría un gran anuncio espiritual.

Llamó al maestro Pedro, quien llevó consigo al pescador. Me conmovió escuchar sus palabras de consuelo y esperanza para los hermanos presentes.

Alguien me tocó el brazo, porque le agradaba al jefe. Fui hacia él.

Asustado, pensé: "¿Será que no está satisfecho con mi trabajo? ¿Está molesto conmigo por quedarme a la orilla del mar mirando al pescador?"

Al acercarme a él, me arrodillé pidiendo su bendición.

Luego dijo:

- Hijo, hace mucho tiempo te resignaste a cumplir tus tareas con Dios, y esto te ha traído muchos créditos ante los ojos del Padre, por tu esfuerzo y desempeño en estos últimos años, recibí una autorización que te concede recibir parte de tus bonificaciones espirituales conseguidas, los dones que te hiciste merecedor.

Tragué y respondí:

- Papá, tengo todo lo que necesito. Soy un ser bendecido y feliz, no necesito nada más que seguir trabajando.

Frente a mí estaban el maestro Pedro y el pescador. No podía entender lo que estaba pasando.

Tomando la mano del pescador, me miró y preguntó:

- ¿Viniste a la Tierra a buscar a alguien de tu familia, hijo mío?

- Ah, padre, ya me resigné a no pensar más en eso. Si Dios algún día nos permite encontrarnos, será mérito suyo, solo suyo.

- Dios es un Padre justo, hijo, muy justo. Nunca olvida a ninguno de tus hijos - respondió, todavía sosteniendo la mano del pescador.

Tomó mi mano, la puso sobre la del pescador y dijo:

- Mira este hijo. ¿No te recuerda a nadie?

Y fue como si un telón cayera ante mis ojos y pude ver claramente lo que había al otro lado: ¡era mi hijo Jonás! ¡Dios mío, Dios mío! Jonás, hijo mío! Jonás, hijo mío!

Abracé a Jonás. Fue una alegría tal que no podría describirla. Mi hijo estaba ahí, frente a mí, encarnado. Y trabajábamos juntos en la misma casa y por la misma razón. Me di cuenta que Jonás no podía verme, pero estaba emocionado porque estaba llorando. Entonces el indio le dijo, mirándome:

– Hijo, no siempre es necesario ver con ojos carnales para creer en Dios, pero es muy importante sentir en nuestro corazón esta fuerza llamada Dios.

Y volviéndose hacia Jonás, añadió:

– Tú, hijo mío, aunque estés encarnado y en la ceguera de la carne, no necesitas ver para creer, porque tu espíritu está abierto a Dios. Este día fue muy importante y algún día sabrás por qué, Jonás.

Lloré, apoyado por el maestro Pedro y otros tres maestros que me rodearon de atención. No sabía qué decirle a nuestro mentor.

Me miró y continuó:

–¡Eso no es todo todavía! ¡Mira!

Cuando miré al maestro Pedro, vi que era mi líder de celda y amigo, Plinio. Nos abrazamos, las palabras no salían de mi garganta. ¡Dios mío! ¡Era Plinio! Mirándome a los ojos, dijo:

– Siempre supe quién eras, desde el primer día, porque ya te estaba esperando. ¿Recuerdas que, cuando nos estábamos despedimos en la celda, te pedí que cuidaras bien a los demás? Ese día, José, nos hicimos mucho más cercanos. En esa celda fuimos curados de muchos males espirituales, juntos descubrimos el amor, la esperanza y las ganas de vivir. Estamos en este camino tratando de mejorar nuestra propia existencia y encontrar a aquellos que nos faltan. ¿Continuaremos juntos esta lucha sagrada?

- ¡Plinio, mi maestro y amigo! ¡Cuando imaginé que ya había encontrado mi felicidad me encontré con todas estas bendiciones! ¿Realmente merezco todo esto?

- Si no lo merecieras, no las recibirías - respondió.

Nuestro mentor principal dijo:

-Deben seguir trabajando juntos. Tu hijo puede ser la gran llave que te abrirá todas las puertas para encontrar a quienes buscas.

Abracé a mi hijo. Estaba completamente recuperado. Era un alma sencilla, un pescador que corría con los brazos abiertos a servir a Dios. Después de terminar la sesión de esa noche, continuamos haciendo limpieza espiritual y ocupándonos del transporte de los enfermos. Como siempre, el día ya estaba claro cuando terminamos de transportar al último paciente. Yo estaba desbordante de alegría y le pregunté al maestro Pedro:

- ¿Sabes dónde vive mi hijo? - Él, sonriendo, respondió:

- Nuestro hijo, porque también es mi hijo. Tienes razón cuando sientes celos por su amor por mí. Nos respetamos y amamos como padre e hijo.

- Perdóneme, maestro, por mi ignorancia. Nunca podría imaginar tanta bondad de Dios para mí. Tú, mi amigo y maestro, proteges a mi hijo en la Tierra y también cuidas de mí. Perdóname, maestro.

- ¿Quieres ir hasta su casa? ¿Conocer a tu nuera y a tus nietos?

- Sí, maestro, conocer a mis nietos y todo lo que quiero en esta vida. ¿Quién lo diría? ¡Soy abuelo!

Caminamos un poco. Su humilde casita no estaba lejos de allí. Lentamente atravesamos la puerta principal, fuimos a la cocina y vimos que había alguien allí. Era Jonás haciendo café con mucho amor.

Sirvió un poco de café en una taza, dijo una oración de agradecimiento a Dios y se dirigió al dormitorio, dando los buenos días a su esposa, entregándole el café con mucho cariño.

Era una criatura dulce y hermosa, muy sencilla y amable. Abrazó y besó a su marido, agradeciéndole por el café. Con los ojos llenos de lágrimas me acordé de María. Fue a la habitación donde dormían los niños.

Besó a cada uno de ellos y se fue lentamente para no hacer ruido. Emocionado, miré a mis nietos. Eran hermosos, muy hermosos, me recordaban a mis hijos.

Antes de partir se despidió de su esposa. La besó diciéndole que necesitaba sacar la red antes de las seis, ya que la Luna era muy buena para pescar. Le deseó buena suerte, recomendándolo a Dios.

Tan pronto como él cerró la puerta de la habitación, ella tomó el rosario y comenzó a rezar. Oramos junto con ella; una luz brilló a su alrededor. La casa sencilla y limpia me recordó a mi casa con María cuando nació Jonás y luego los demás niños. Miré a aquella muchacha devota de Nuestra Señora y recordé la pequeña iglesia donde me casé con María.

Bendije a mi nuera y mis nietos. Quise seguir a mi hijo, pero el maestro Pedro me agarró del brazo y me dijo:

– Las revelaciones hechas por nuestro mentor no pretendían retrasar tu vida ni la de él. Déjalo seguir, cada uno de ustedes debe cumplir su misión.

Regresamos a nuestra cabaña y a nuestras tareas.

Después de tantas revelaciones, lo que realmente necesitaba era poner en orden mis emociones. Lo sentí como un sueño y todavía estaba dormido, con miedo de despertar. El maestro Pedro, tocándome el brazo, dijo:

– José, descansa. Intenta reponer energías, porque a partir de ahora, amigo mío, ¡trabajaremos el doble!

Un nudo me apretaba la garganta, las palabras no salían.

Finalmente respiré hondo y dije:

–Maestro Pedro, que tenga mil vidas, pero nunca olvidaré todo el bien que me haces. ¡Bendito el momento en que fui a esa celda! Antes de conocerte no creía en los ángeles, pero hoy ya no puedo decir lo mismo, ¡porque existen! Eres uno de ellos en la vida de muchos seres que buscan el camino de la rectitud.

- ¡José! ¿No has aprendido que blasfemar es pecado? ¿Dónde has visto alguna vez que crees que soy un ángel? ¡Cuídame bien! ¿Tengo algo angelical? – Él dijo.

–¡Lo tienes, sí señor! Tu bondad, tu humildad, tu corazón, tu amistad, tu amor por todas las criaturas de Dios me hace creer que estoy ante un ángel – respondí con lágrimas en los ojos.

Abrazándome, dijo:

- Estás muy emocionado, lo cual es comprensible teniendo en cuenta todo lo que has pasado hoy. Ve a descansar. Tendremos mucho tiempo para hablar sobre tus nuevas emociones.

CAPÍTULO 9

La familia

Junto con el maestro Pedro y los demás hermanos comencé a equilibrarme espiritualmente, mejorando mi visión espiritual.

Tiempo después de encontrar a mi hijo, encontré a María, a mis otros hijos y a algunos familiares, algunos encarnados, otros en Colonias de recuperación espiritual.

María era la esposa de Jonás, quien vino a rescatar a sus hijos; de hecho, los que fueron mis nietos fueron nuestros hijos.

Gilda y mis otros hijos estaban esperando una nueva oportunidad, serían mis bisnietos. No solo encontré de nuevo a aquellos que amaba, sino que gané otra familia, otros amigos.

Fui perdonado por Dios y recibí una nueva oportunidad de crecer y prosperar: trabajando. Así fue como me armé de valor y le pregunté al maestro Pedro, diciéndole que me gustaría trabajar un poquito más.

Dándome unas ligeras palmaditas en la espalda, respondió:

– Ya me lo esperaba. Estoy casi seguro que serás aceptado en el grupo de trabajo sobre las zonas umbralinas, donde estoy desarrollando una tarea misionaria. Si eres aceptado, le pediré a nuestro maestro que te una a mi equipo.

– ¿Quedarme contigo, señor? ¿Ganaré este premio?

– No lo sé, depende más de ti que de Dios. Todos los premios que has ido recibiendo son tus logros – respondió.

Ha llegado el gran día. conocería al mentor responsable de este nuevo trabajo que pretendía sumar a mi vida También estaría regresando a un plano espiritual, ya que el Umbral sigue siendo uno de ellos. Al entrar a la habitación del mentor principal, me quedé sin palabras por el susto que recibí. Él fue el coordinador del equipo que, en un momento anterior de mi vida, me ayudó mucho.

Recordé que en ese momento estaba muy enamorado de María. Me invitó a trabajar en su equipo, pero yo no quise porque no quería alejarme de ella. Incluso después que él prometió que podría verla un día a la semana no lo acepté. Después de tantos años me encontraba nuevamente frente a él pidiendo cubrir esa vacante que una vez había dejado atrás.

– Maestro, este es un amigo que se ha ido adaptando con nosotros día a día. Trabaja con dignidad y gran rapidez. Si creed que puede cubrir alguna de las vacantes que hay abiertas le pediría que se quedara conmigo.

El mentor, siempre elegante, bien vestido, de aspecto refinado, se levantó, me tendió la mano y dijo:

– Sé bienvenido. Este lugar sigue siendo tuyo. ¡Al lado de Pedro te llevarás muy bien! Él es colaborador excepcional, y tal vez fue esta cercanía entre ustedes lo que contribuyó a que te convirtieras en este buenísimo ser!

Todavía estaba sorprendido, apenas pude responder:

– Gracias señor por sus palabras.

– Pedro, ¿qué dices que nuestro amigo se convierta en tu asistente?

– ¡Sería un honor para mí compartir tan noble misión con un amigo tan honorable! – Respondió el maestro Pedro.

– Entonces, a partir de ahora trabajaremos en todos los detalles para que pueda asumir un puesto de confianza contigo. Hoy pretendo negociar con el responsable de su traslado provisional a nuestra Colonia. En cuanto regrese de esta reunión, Pedro, búscame para que ultimemos los últimos detalles – nos tendió cordialmente la mano.

Afuera del cuarto del jefe, le pregunté al maestro Pedro:

– ¿No eres responsable de mí?

– No – respondió Pedro –, solo soy uno de tus instructores, soy el responsable de tu estancia entre nosotros y ese indio que te daba pena, ¿recuerdas?

– ¡Y cómo lo recuerdo! Pido perdón a Dios todos los días por mi ignorancia – respondí.

Nos involucramos en nuestras tareas rutinarias y, después de un intenso día de trabajo en el hospital, volvimos a pedir respuesta al jefe.

Nos recibió muy cordialmente, como siempre. Invitándonos a sentarnos, tomó una hoja de papel, me la entregó y dijo:

– Lee y pide ayuda a tu amigo Pedro. Si estás de acuerdo, firme.

Me asombré, porque contenía toda la trayectoria de mi vida: lo que hice y lo que no hice. Los pasos por prisiones espirituales, mis últimos logros, etc.

Se la pasé a Pedro para que la leyera y él respondió:

–Creo que todo está en perfecto orden. Si todavía estás preparado para el trabajo, tendremos mucho trabajo por delante.

Firmé mi nuevo propósito de vida espiritual. Por tiempo indefinido trabajaría junto a Pedro, estando cerca de mis hermanos encarnados y desencarnados hasta que Dios lo permitiera, aunque mi proceso de reencarnación permaneció abierto.

Dejamos nuestra cabaña en la cima de la montaña para vivir en una Colonia preparada exclusivamente para los espíritus que intercambian entre la corteza terrestre y el Umbral. Una Colonia que se encuentra muy cerca de la Tierra, es un rincón de paz, belleza y sabiduría. Existe lo que llamamos amor por los demás y respeto mutuo entre compañeros de trabajo.

En la zona norte de la Colonia hay hombres y, en la zona sur, mujeres. Algunos compañeros tienen familiares entre las mujeres de la Colonia, por lo que se visitan constantemente. Sentado en el jardín viendo a las parejas pasear de la mano, me preguntaba si algún día volvería a tener a María. Me alegré mucho cuando María y mis hijos fueron a esa casa de caridad. Tener a mis hijos y a María a mi lado era todo lo que quería de Dios, porque mi alma no estaba completa sin ella.

Me sumergí en las zonas oscuras. Fue allí donde descubrí que yo también era luminoso. No tanto como el maestro Pedro, pero en la oscuridad me guiaba mi propia luz. Cuanto más ayudaba a rescatar el sufrimiento y a los hermanos perdidos, más alegría sentía dentro de mí. Me di cuenta que esto aumentaba mi luz en la oscuridad. Y seguí brindando asistencia en la casa espiritual en la Tierra, ya que este compromiso era sagrado para nosotros. Cada vez que me llamaba el jefe sentía un escalofrío y pensaba: "Y hoy se me va a acabar la cerveza."

Pero di un suspiro de alivio cuando me informaron que era solo una nueva tarea de trabajo.

Trabajando en las áreas de primeros auxilios, todos los días veía repetirse historias similares a la mía, con personas que no tenían fuerzas para llevar a cabo su misión, todos los hermanos que ayudé a llevar a las celdas me llevaron lágrimas, me hicieron reflexionar sobre todo lo que pasó, lo valioso que fue para mí haberme quedado allí por un tiempo.

Intenté transmitirles esperanza y fortaleza, ánimo a cada uno a tener humildad, paciencia y prudencia. Muchas veces repetía a mis desgraciados hermanos lo siguiente: "Debemos siempre vigilar nuestros pensamientos, valorar la llama de la vida, creer en el Maestro Jesús y tener mucha fe en Dios."

Cuando cerré la celda y salí, recorriendo los pasillos pensando: "¡Un hombre sin fe capaz de hacer cosas idénticas a las que yo hice! Aunque fue educado, estudiado, sin problemas de salud ni económicos, sin Dios en su corazón; está sujeto a cometer el mismo error que yo cometí: delito.

El hombre que lleva a Dios en su corazón enfrenta todos los obstáculos de su vida con resignación, lucha y vence cualquier factor negativo que lo aleje de la Luz. Necesitaba ser golpeado, apaleado, caer y levantarme. Necesitaba amigos, de los maestros, de las escuelas y, sobre todo, de Dios para hacerme consciente de mis deberes. No sé cuánto tiempo estaré en esta gran escuela de luz, pero con seguridad esta es una etapa maravillosa en mi vida, a medida que crezco y aprendo todos los días.

Una cosa es segura: lucharé y pediré a Dios para que, cuando regrese a la Tierra como encarnado, esté más preparado para resistir las ilusiones y tentaciones mundanas. Si el Padre Mayor continúa confiando en mí, ciertamente estaré luchando el día y noche para mi vida y ayudar a otros a seguir el camino del Maestro."

Y regresé a mis funciones, fortalecido por estos sentimientos.

CAPÍTULO 10

La sonrisa de un ángel

En este ir y venir de la vida, trabajando en Centros Espíritas, comencé a llamarme hermano José, padre José, amigo José, etc. Un día, en una casa donde estábamos dando caridad, vi entrar a una señora acompañada de una hermosa jovencita, de ojos azules y cabello dorado. Reconocí a la niña: ¡era Lucía! Sí, el maestro Pedro se había inmiscuido en el destino del niño que llevaba en su vientre. Ella estaba sentada afuera. Le pedí a una hermana que la llamara porque quería hablar con ella. Asustada, ella vino hacia mí.

Después de bendecirla, jugué con ella para que estuviera tranquila y dispuesta a escuchar lo que tenía que decir:

—Tienes un ángel en tu vida que no merece estos pensamientos negativos, hija mía.

Ella, asustada, respondió:

— No entendí a qué te referías con "pensamientos negativos."

— Sabes, sí, hija mía. Me refiero a lo que estás tramando contra el padre de tu hija. Cuando te propuso ceder la paternidad de tu hija a su amigo, tú aceptaste por conveniencia; por lo tanto, estabas tan equivocada como él. El padre biológico de tu hija es rico y famoso, pero muy infeliz. Tu hija respeta y ama al padre que le presentaste en la vida, este es el padre que necesita. Tu situación económica no es buena, pero con tranquilidad superarás todos los obstáculos que te generan preocupaciones. Tienes tu casa, una pensión que te permite sustentarte, ¿no?

Ella palideció de miedo y me preguntó:

– ¿Cómo sabes todo esto de mi vida? ¿Juan ha estado aquí hablando contigo?

– No, hija, Juan no estaba aquí hablando conmigo. Bien que me gustaría, pero sé que es un médico muy ocupado con su hospital y su familia. No hagas lo que tienes en mente, no será bueno para ti y mucho menos para tu hija, que no merece pasar por esto. Define las cosas como son. Busca más a Dios en tu vida. Eres joven y aun puedes reconstruir tu vida encontrando un buen hombre que te haga feliz.

Lucía rompió a llorar. Ella había acudido allí en busca de consejo, a pesar de ser acosada por hermanos que querían vengarse de Mário, el padre biológico de su hija. Era una chica de buenos principios, había sido guiada por Dios, quien fue su fuente de luz, y también recibió nuestra ayuda.

Algunos de los hermanos que lo utilizaron también recibieron ayuda y orientación allí mismo. Al principio no quisieron llegar a un acuerdo, pero finalmente cedieron al consejo de los maestros.

Lucía me trajo a su hija, una niña dulce y hermosa. Abracé a esa criatura y sentí un fuerte anhelo en mi pecho. "¿Cómo puede pasar esto?"

Mientras alisaba su cabello rubio, vi que este ángel era la persona de la que Pedro hablaba todos los días mientras estábamos en prisión.

Pero desde que lo encontré en la playa, nunca escuché al maestro quejarse de extrañar a sus seres queridos del pasado. Quizás se resignó a vivir lejos de ellos. ¿Será que él, siendo un maestro, no habría sabido de la existencia de la niña entre nosotros? Él interfirió con su nacimiento, pero ¿no sabría que ella era lo que estaba buscando?

Se fueron y terminé mis tareas con los encarnados. Después que se fueron, los espíritus continuamos dando primeros auxilios, transportando a los enfermos, instruyendo a los que buscaban la verdad.

Algunos encarnados, por falta de conocimiento e instrucción espiritual, creen que los trabajadores se alejan y se van antes que ellos, lo cual no es cierto.

Ya amanecía cuando partimos hacia la Colonia. Cuando llegué encontré a Pedro, como siempre, metido en su trabajo.

Estaba ensayando una forma de preguntarle si sabía de la presencia de Raquel. El espíritu, incluso sin capacidad o autoridad espiritual, registra y captura fácilmente retratos hablados por otros espíritus. Y es así como tan pronto encontramos las personas indicadas por ellos.

Estaba tan tenso y nervioso que el maestro, al notarlo, me preguntó:

– ¿Te pasa algo, José? Estás distraído por tu trabajo. ¡Mira lo que has hecho! Distribuiste todo el plasma recogido para los exámenes. ¡Por suerte ya están identificados!

Para entender esta historia material, explico: cuando trabajamos en Centros Espíritas, muchas veces recolectamos materiales humanos y los transportamos a laboratorios espirituales, donde se realizan análisis en profundidad antes de iniciar el tratamiento adecuado. Por lo tanto, es necesario que todas las personas que buscan una cura para sus enfermedades comprendan este tema. ¡No es yendo a un Centro Espírita como te curarás! Dependiendo de la enfermedad tarda más o menos tiempo.

Le pedí disculpas al maestro, prometiéndole tener más cuidado con los materiales recolectados, ya que efectivamente esta es una gran responsabilidad que asumimos ante nuestros superiores. La vida de las personas es una joya preciosa que no podemos descuidar.

Cuando terminamos de trabajar fui al jardín. Estaba ahí pensando en cómo iba a preguntar por Raquel, cuando apareció y me invitó:

– Hace tiempo que no vamos a la playa o a nuestra cabaña en la cima de la montaña. ¿Le hacemos una visita?

– ¡Con mucho gusto, maestro!

Salimos volitando. La brisa fresca de la tarde me golpeó la cara y me dio una sensación de total libertad.

En un momento el maestro Pedro me tocó el brazo invitándome a bajar. Con la velocidad del rayo llegamos a un lugar donde se encontraban varios policías armados con ametralladoras, acompañados de guardias, y también un círculo de curiosos, entre ellos personas encarnadas y desencarnadas. El maestro Pedro, pidiendo permiso, atravesó la barrera policial. Lo seguí ansiosamente. Estaba aterrorizado, ya que siempre tenía miedo de los agentes de policía. ¿Qué hacía el maestro allí? ¡El trabajo era para la policía!

Entramos en una habitación. Había dos niños con los ojos rojos y temblando de pies a cabeza. Y apuntaron con sus armas a los oídos de una señorita y de una niña de unos cinco años y gritaron:

– ¡Si intentan algo, les dispararemos! Queremos negociar con fulano de tal. Si cumple con nuestras demandas, está bien; de lo contrario, ¡ambas serán asesinados!

La niña lloraba, tosía, se atragantaba y estiró los brazos hacia su madre. El que sujetaba a la joven gritó:

– ¡Recuesta esa peste en su madre! ¡Odio a los niños que lloran!

Se volvió hacia la joven y le gritó:

– ¡Haz que tu hija se calle o me desharé de ella ya, ya! Odio este llanto, ¡me irrita!

Entonces la madre preguntó:

– Por favor, muchacho, ¿puedo cargarla?

– ¡Vamos, tómala pronto! Y cállate – respondió el chico.

La madre, besando el rostro de la niña, le habló suavemente al oído:

– ¡Mamá está aquí, hija! Mantén la calma, pronto saldremos de aquí, ¡está bien!

La niña se calmó cuando abrazó a su madre.

El otro chico, al verse libre de la niña, preguntó a su compañero:

- ¿Puedo ir al baño? Estoy nervioso, hombre, me dio dolor de estómago.

-¡Ve y vuelve pronto, idiota! ¡No puedo quedarme aquí solo y también quiero fumar! ¡Vuelve para que puedas turnarte conmigo!

Miré al maestro Pedro y dije:

- ¡Yo me quedo con el que fue al baño, tú te llevas el de la ventana!

El maestro Pedro, mirándome, respondió moviendo la cabeza:

-¡José, somos espíritus! Lo que ves en sus manos es físico. ¿Cómo vas a transformar este revólver en algo espiritual e invisible? ¡Cálmate, José! ¡Estás más nervioso que ellos! ¿Qué aprendiste en la escuela espiritual? ¿Vamos a matar y deshacernos de todos los encarnados que nos causan problemas? ¡Estamos aquí para ayudar a todas estas personas!¿Qué somos, José? ¿Jueces? Vamos a rezar y pedir a nuestro Padre por estos hermanos que están necesitados de ayuda.

- Lo siento, maestro Pedro. ¡Gracias a Dios tienes luz y sabiduría! ¡Si siguiera mis instintos hoy estaría de nuevo en esa celda, porque ya estaba pensando en matarlos! - Respondí.

Sudando - el espíritu también lo hace -, pensé confundido: "¡Qué lindo viaje hicimos! Salimos para ir a la cabaña y al mar, pero ¡ahora estamos en medio de este lío, con criminales, policías, víctimas y espectadores!"

Miré hacia la ventana y afuera estaban unos criminales espirituales riendo y gritando:

- ¡No se desanimen, compañeros! ¡Ustedes lo harán! ¡Estamos aquí para apoyarlos!

- Tengan cuidado con este brillante sinvergüenza; el otro se distrae fácilmente, ¡no es más que un tonto!

¡Ese comentario me puso rojo de ira! El maestro Pedro, con una mirada de desaprobación, me pidió que bajara los ojos y orara. Extendió las manos hacia los tres que estaban parados fuera de la ventana y pronto vio algunos soldados espirituales que los encadenaban. Se marcharon jurando venganza y gritando obscenidades.

La niña se quedó dormida sobre el hombro de su madre. La joven, en silencio, oró. Recibió las vibraciones de Pedro e irradió luz, cubriendo al delincuente que le apuntaba con el arma a su cabeza. Él estaba nervioso. Se secó la cara con la manga de la camisa, tiró el cigarrillo y le gritó a su compañero:

–¡Tráele a esta mujer una silla y un vaso de agua!

Se sentó con la pequeña dormida sobre su hombro, bebió el vaso de agua y le dio las gracias al chico.

Estaba jadeando, cansado; también bebía agua. Sin quitar el arma de la cabeza de la muchacha y sus ojos de la calle, comenzó a hablar:

– Joven, no quiero hacerle ningún daño a tu hija, ¡porque yo también soy padre! Solo quiero que este dinero para liquidar mi deuda con un narcotraficante. Tomó posesión de mi hija y me dio un plazo que termina hoy. Si no entrego el dinero, matarán a mi hija. Él realmente la matará, ¡lo ha hecho muchas veces! ¿Entiendes por qué necesito tenerte aquí como garantía? ¡No tengo salida, niña!

– Sí, lo entiendo – respondió ella con calma –. Por mi hija, yo también soy capaz de cualquier cosa. Mantén la calma. Conozco a mi marido, él no te hará ningún daño. Le pediré a Dios por tu pequeña. Somos espíritas y, si el Padre nos preparó este camino, por eso podemos ayudarles.

El maestro Pedro irradió luz sobre ellos. Vi los ojos del criminal llenarse de lágrimas, al recordar, cuando era niño, ir a un Centro Espírita con su abuela.

El empresario, marido de la joven, salió del coche. Los periodistas lo rodearon y le hicieron mil preguntas. A pesar de estar tenso, parecía seguro. Le dijo al comisario que seguía las negociaciones para entregarse en su lugar, pidiéndoles que los liberaran. El muchacho que apuntaba el arma, instruido por el maestro Pedro, respondió sin pensar:

– ¡Liberaré a la niña, pero tú vienes en su lugar!

La joven se queda.

El padre aceptó la propuesta. La abuela de la niña la recibió mientras dormía y pronto el marido estuvo al lado de su esposa.

–¿Estás bien, querida? – Preguntó con compasión.

– Sí, lo estoy, quédate tranquilo – dijo estrechándole la mano.

Instruida por el maestro Pedro, con la cabeza gacha, dijo tranquilamente:

– Por favor, amigo, escucha lo que tengo para proponerles: mi marido y yo podemos ayudar a liberar a tu hija y a liberarlos a ustedes también.

–¿Ah, sí? ¿Cómo vas a liberarme y salvar a mi hija? – Preguntó, mostrando miedo y cansancio.

– ¡Pagamos tu deuda y podemos hacerlo ahora! Transferimos el dinero a la cuenta indicada por tu cobrador. De esta manera podrá retirar el dinero inmediatamente y devolverte a su hija a alguien de la familia. Cuando ella esté a salvo, te entregas y tu pesadilla termina. Te prometo que mientras estés en prisión ayudaré a tu hija. A ella nada le faltará – respondió la joven –. Utiliza el teléfono y negocia con tu cobrador. Recibe el dinero y te devuelve a tu hija, pero todo debe ser rápido, avísale que estás rodeado por la policía y que si te atrapan no podrás pagarle, sobre todo a riesgo de perder a tu hija.

El otro muchacho, que estaba pálido y sudando, gritó:

–¡Carlos! No vas a caer en esa trampa, ¿verdad? ¡Hermoso negocio propone esta vieja! ¡No quiero pasar toda mi vida en la cárcel solo porque soy tu cuñado y decidí ayudarte!

El maestro Pedro irradió luz sobre ellos. El chico habló con dureza:

– ¡Vigila la calle y a él! ¡Intentaré hacer lo que ella dijo! Con mi pequeña hija liberada, decido qué hacer.

Llamó al narcotraficante, quien respondió:

– Transfiere todo el dinero. Si entra correctamente, enviaré a tu hija a casa.

No pasó más de media hora hasta que el traficante informó que había devuelto a la niña. Carlos llamó a casa y pidió hablar con su hija. Sus ojos se llenaron de lágrimas. Se volvió hacia joven y dijo:

– ¡Te voy a liberar para que vayas a cuidar a tu hija!

Lamentablemente, tu marido se queda.

Siguiendo las instrucciones del maestro Pedro, ella contestó tranquilamente:

– Si quieres ayudar a tu hija, debes rendirte. Esta es una gran oportunidad que Dios está ofreciéndote. Si huyes, siempre serás perseguido, nunca vivirás en paz. No podrás seguir el ritmo del crecimiento de tu hija. Me dijiste que harías cualquier cosa por ella.

Sudaba, fumaba y movía los labios. Se miró las manos y la imagen de su hija se apoderó de su mente.

El otro chico gritó:

– ¡Carlos, no te vuelvas loco! ¡Si nos atrapan, estamos perdidos! Exigiremos un coche y dinero. Vamos a salir de aquí acompañados de los rehenes y ¡salimos! La policía nunca nos encontrará.

Pedro irradió una luz azulada sobre ellos. La joven estaba tranquila; estrechó la mano de su marido, tranquilizándolo.

El muchacho, recordando el rostro de su hija, pensó: "Si me entrego tendré oportunidad de verla, pero si huyo tal vez nunca logre verla. Puedo verla de nuevo."

Volviéndose hacia el otro hombre, dijo bruscamente:

– ¡Entrega tu arma!

– ¿Qué dices? ¿Te volviste loco? ¡No voy a entregar nada!

Pedro, con ambas manos apuntando hacia su corazón, dijo:

– Entrega tu arma, hijo...

– Está bien, estamos realmente perdidos...

Le entregó el arma al otro hombre, se sentó en el suelo, cruzó las manos sobre las rodillas, apoyó la cabeza entre las manos y permaneció en silencio.

El muchacho que comandó el robo se acercó a la ventana y gritó:

– ¡Nos vamos a entregar! Saldremos junto con los rehenes. Exigimos a los periodistas y al fiscal aquí presentes que nos den garantía de vida.

Recibieron confirmación de las autoridades que serían respetados. Irían a prisión, serían puestos a merced de la justicia, pero no sufrirían daños físicos.

Antes de irse, dio la dirección y teléfono de su madre, quien era quien cuidaba a su hija, ya que la madre de la niña la había abandonado nada más al nacer. Sacó una foto de su bolsillo y se la entregó a la joven. Ella prometió que independientemente de señalarlo como secuestrador ante el tribunal y el proceso judicial, cumpliría su promesa y a la niña no le faltaría nada.

Carlos arrojó las armas por la ventana y la pareja fue liberada. Salieron de la mano y, detrás de ellos, los dos chicos con las manos en alto.

La policía se apresuró a encontrarse con la pareja, mientras los delincuentes estaban esposados. Carlos mirando a la joven le dijo:

– Perdóname, por el amor de Dios. Nunca mataría a tu hija ni a ti. ¡Nunca he matado a nadie en toda mi vida! ¡Soy esclavo de los traficantes de drogas!

La policía los metió a empujones en el coche policial. La muchacha aun vio los ojos de Carlos llenos de lágrimas. Mientras el coche de policía salía con los prisioneros, vi a muchos soldados espirituales que estaban de patrulla terrenal, encarcelando a varios criminales del bajo astral que iban allí con la intención de causar desgracias.

El maestro Pedro saludó uno a uno a los soldados y volviéndose hacia mí dijo:

– ¿Continuamos nuestra caminata?

–¡Ah, sí, nuestro recorrido! Incluso lo olvidé.

En esos momentos tenía muchas ganas de volver a la Colonia con los ojos cerrados para no ver nada más.

Al regresar con envidiable tranquilidad, el maestro Pedro comentó:

– José, tanto los encarnados como los desencarnados están sujetos a muchos contratiempos. ¡No tenemos control sobre lo que les puede pasar o no a nuestros hermanos encarnados o a nosotros! ¡Si tuviéramos este control, la Tierra sería un paraíso para vivir y todos los espíritus querrían reencarnar! Porque detendríamos todos los eventos malos y solo permitiríamos los buenos. No seríamos espíritus en evolución, sino espíritus perfectos y evolucionados.

– Es cierto – respondí –. Nunca me había detenido a pensar en ello, maestro. Yo, por ejemplo, tiemblo como un palo verde cuando me llaman ante nuestros mentores, con miedo de lo que sucederá... ¿Seguiremos haciendo el viaje? – Pregunté.

– Por supuesto, ese era nuestro programa, pero, como viste, los espíritus no pueden predecir su destino, ¡y mucho menos el de los demás! ¿Podrías decirme qué te espera mañana, José?

– Maestro Pedro, usted tocó un tema sobre el cual todavía tengo dudas. Durante todo este tiempo trabajando en muchas casas espirituales, aprendí que algunos hermanos buscan ciertas personas que juegan a las cartas, buzíos, etc., instruidos por algunas entidades espirituales. ¿Qué me cuentas sobre esto?

Estos médiums que juegan a las cartas, a las conchas y a tantas otras cosas necesitan estudiar el Evangelio predicado por Jesucristo. Los guías espirituales, entidades, mentores, o como quieran llamarse, ni siquiera conocen su propio futuro, porque es de Dios, ¿cómo pueden conocer el futuro de los demás? Estos juegos de suerte son siempre instruidos por espíritus del bajo astral, que se unen al médium en el afán de alardear. Se presentan con nombres conocidos por mucha gente, investigan la vida del consultor en cuestión de minutos, ya que el bajo astral tiene un equipamiento notable. Provocan cosas absurdas, como hacer que los encarnados vinculados a ellos desarrollen armas, bombas, etc. en la Tierra. Con la información que tienen, transmiten a la mente del médium lo que descubren.

Revelan secretos que solo los consultantes conocen, saben por qué sufren, por lo que les es fácil inventar un futuro y engañar a las víctimas, dándoles instrucciones absurdas. Como estas personas inteligentes revelan cosas que realmente están registradas en el libro de la vida de las víctimas, además de hechos que están ocurriendo en el momento, los tontos también creen ciegamente en las promesas del futuro, y así es como llevan a muchos a cometer tonterías motivado e instruido por algún poderoso ser oscuro. Por eso nuestros médiums y consultantes necesitan estudiar y reflexionar sobre qué les ayudará más: ya sea la presencia de un mentor espiritual que instruya, guíe, oriente y sane, o ya sean conchas, cartas y tantos objetos extraños. Bueno, mi querido José, ¡cuántas cosas malas se hacen en nombre de Dios!

Pero tengamos paciencia, porque poco a poco nuestros hermanos aprenderán y comprenderán que Dios se manifiesta en los corazones puros, y no en adornos de fantasías creadas por la mente humana, atrayendo a los que sufren y difundiendo el sufrimiento.

Y así, hablando, llegamos a la cima de la montaña. La cabaña estaba limpia y ordenada. El maestro cerró los ojos y preparó dos tazas de café, ofreciéndome una:

– Mi café no es tan bueno como el tuyo, pero lo hice con mimo –. Tragó el café en tazas pequeñas y continuó –. Esta cabaña me sirvió de refugio durante muchos años. Todavía me refugio aquí cuando necesito olvidar los anhelos que aun llevo dentro de mí. Aquí me confieso ante Dios. Sé que perdí todo derecho sobre la criatura que es mi razón de existir, pero el amor no termina con el tiempo. Hoy llego a creer que tal vez ella soy yo, por eso nunca podré tenerla a mi lado. Quizás he dejado de existir.

– ¿Estás hablando de Raquel? – Pregunté con la cabeza gacha.

– ¿De quién más podría hablar? – Respondió –. Siento amor por todos los hijos de Dios, pero por ella todavía no he descubierto si es amor, locura o incluso una enfermedad espiritual. El caso es que vivo y me alimento de sus blancos recuerdos – Miró alrededor de toda la cabaña y continuó –. Aquí estuvo un amigo de largos viajes. Encontró a quién estaba esperando y se fueron juntos. Esta cabaña es conocida por sus espíritus y es un lugar de encuentro para grandes amigos y un gran amor.

Levantándose como para desterrar los recuerdos, me invitó:

– ¿Vamos a la playa? Necesito oler sus aguas.

Estuve de acuerdo e hice la señal de la cruz – Tengo esta costumbre: antes de entrar o salir de cualquier lugar, hago la señal de la cruz en el nombre de Jesús, dando gracias.

El maestro Pedro, en tono de broma, dijo:

– ¿Estás agradeciendo a Dios o tienes miedo que te lleve a otro conflicto en la Tierra?

Respondí riendo:

– ¡Rezando para llegar a la playa de una pieza, rezando para regresar a la Colonia de una pieza y rezando para ser algún día como tú!

Salimos volitando, como si fuéramos dos pájaros uno al lado del otro y llegamos a la orilla del mar. Nos sentamos en nuestra roca favorita. Permanecimos en silencio. Observé el barco que traía a los pescadores. Mi hijo regresaba a casa.

Quería ir hasta su barco abrazarlo, tocarlo, pero sabía que no debía interponerme en su misión. El maestro, como si leyera mi mente, dijo:

– Al menos, amigo, puedes verlo y tocarlo, y eso es un privilegio que no todos logran.

Llenándome de valor, pregunté:

– Maestro, estaba recordando que un día, por falta de conocimiento y experiencia, casi dejo a un ángel ser sacrificado, si no fuera por tu ayuda. La hija de ese famoso cantante, ¿recuerdas?

Pedro se quedó allí mirándome.

– ¡Estoy tratando de recordar, porque hay tantos cantantes famosos que intentan deshacerse de los niños no deseados! ¿Dónde estaba esto?

– Recuerda aquel día que volví en sueño y me encontré con dos jóvenes: uno que era médico y otro que era cantante. Organizaron un aborto, ¿recuerdas?

Haciendo una clara pregunta mental, respondió:

– Sí, recuerdo ese caso. Pero ¿por qué hacer la pregunta ahora?

– Volví a encontrar a Lucía, maestro. Ella fue a la casa donde trabajábamos. ¡Llegó acompañada de hermanos enfermos y vengativos!

– Tú cuidaste de ella y de los pacientes, ¿verdad?

– Hicimos todo lo que pudimos para ayudarlos. Al final de nuestro encuentro me presentó a su hija y, de repente, vi en la niña un retrato que guardo en mi mente.

– Como ya has aprendido, ora al Padre y pídele que te aclare esta duda. Si es alguien de tu familia a quien necesitas rescatar, Dios no te abandonará. Sigue orando, José.

Lo miré y perdí el valor de decir lo que había ensayado, me levanté y simplemente lo seguí de regreso a la Colonia.

CAPÍTULO 11

El premio

Cuando llegamos a la Colonia había un mensaje para mí: ¡el jefe necesitaba verme inmediatamente!

El miedo aceleró mi corazón. Sentí un escalofrío por la espalda, ¡tenía miedo que me enviaran a la Tierra! Más día, menos

Un día tendría que afrontar esto, pero el miedo me dominaba. "Lo que sea que Dios quiera, tengo que irme." Recordé lo que me dijo el maestro Pedro: "No tenemos conocimiento del futuro."

Pidiendo permiso, entré a la habitación y me presenté al jefe. Me puse pálido cuando vi al jefe indio a su lado. Me paré frente a ellos, esperando escuchar mi sentencia. Mirándome fijamente, el mentor me entregó un sobre y dijo:

– ¡Abre el sobre, por favor! – Me pidió el jefe indio.

Con el corazón latiendo fuerte, abrí el sobre y decía: *"Debido al honroso trabajo que vienes realizando en los últimos tiempos, el proceso de reencarnación queda suspendido hasta nuevo aviso."*

¡Qué emoción, alegría y satisfacción! Empecé a llorar y reír al mismo tiempo. El jefe, que es un gran guía de luz y bondad, vino a abrazarme y añadió:

– Es justa la confianza que estás recibiendo de Dios, hijo. Has trabajado duro y tu trabajo ha sido de gran valor.

El mentor principal añadió entonces:

– Te llamé para darte la buena noticia y al mismo tiempo. Es hora de hacerte saber que te incluyo en un curso de preparación espiritual. Este curso es un poco más avanzado que los anteriores.

El deseo de ayudar a un amigo me golpeó fuerte. Pedí permiso y le pregunté al jefe si sería posible que esa niña fuera la criatura que buscaba el maestro Pedro.

– Maestro, si no voy a molestarlo con mis dudas, me gustaría pedirle ayuda – le dije.

– ¡Pídela, hijo mío! Estoy aquí para ayudarte.

Le conté toda la historia que conocía del maestro Pedro. Cuando terminé de hablar, vi que el maestro estaba serio, escuchándome atentamente.

Tomé una respiración profunda. En serio, el maestro dijo:

– Dios, hijo mío amado, une sus almas por los caminos menos esperados. Pedro es como una estrella en el cielo, a iluminar el camino de los transeúntes. Está tan comprometido con su trabajo que aun no ha notado su propia brillantez. Aceptó servir a Dios de una manera tan clara que no comprende su propia naturaleza. Su humildad y su desapego por la obtención de beneficio personal lo convierten en un ser puro que no se envanece por nada. Tú, hijo mío, estás vinculado a él por la voluntad del Padre, así como él te guio por este camino de luz, guía esta luz hasta su corazón. Muéstrale la recompensa que el Padre ofrece a hijos como él.

Pasé algún tiempo hablando con nuestro guía principal. Estar con él fue un regalo de Dios. Sus palabras y su amor por todos no tenían límite. Salí de allí pensando: "¡Y todavía hay gente que piensa que los indios son ignorantes!" Al salir de la presencia del guía principal, corrí a buscar a mi amigo e instructor. Me informaron que había estado ausente por trabajo, por lo que tendría que esperar su regreso. Esa noche fui a trabajar a la casa donde teníamos un compromiso. Lucía estaba allí, pero no se había llevado a la niña. Vino a hablar conmigo y agradecernos por nuestra última conversación.

(Voy a aprovechar para aclarar algo muy importante sobre la incorporación y la vibración mediúmnica. En ese momento estaba al lado de un médium que me transmitía las vibraciones mediúmnicas que me transmitía otro mentor que dirigía mi trabajo; es decir, estaba un interno trabajando bajo su cuidado. El mundo espiritual es muy serio; no podemos cometer errores en el trabajo espiritual en una Casa espírita.)

Lucía me dijo que la niña se comportaba muy rara. A veces se despertaba en mitad de la noche llorando y llamándola, diciendo que tenía miedo y que veía un monstruo cerca de ella.

Estaba preocupado: ¿los enemigos de Mário se vengarían de la niña? No, no puede ser, ¡ella no tuvo nada que ver con la confusión! Le pediría permiso al jefe y la ayuda del maestro Pedro, tal vez iríamos a su casa a comprobar qué estaba pasando.

Tranquilicé a Lucía diciéndole que haría todo lo posible para ayudar a su hija. Cuando terminamos nuestro trabajo, ya brillaban los primeros rayos del Sol, anunciando un nuevo día en la Tierra. Encontré al maestro Pedro en el jardín, sentado en una de las bancas. Cuando me vio, se levantó y preguntó:

– ¿Cómo estuvo el trabajo hoy? ¿Salió todo bien?

– Sí, gracias a Dios, todo salió bien. Excepto por un problema, para el cual necesitaré tu ayuda. Como me enseñaste, encontré un contratiempo que resolver.

– ¿Cuál es el problema?

Le informé del pedido hecho por Lucía.

– Iremos a ver qué está pasando. Después de todo, tenemos un deber con esta pequeña, ¿no?

Pensé en relatar en ese momento la verdad que descubrí que era real. Pero algo captó mi voz. Recordé que varias veces estaba ayudando a ese pescador sin saber que era mi hijo. En el momento adecuado y en el momento adecuado sabría toda la verdad. Informé la visita de nuestro guía jefe y el sobre que recibí con mi libertad provisional para seguir trabajando. Pedro me abrazó con la alegría sincera de un verdadero amigo y agregó:

– Te mereces esta gran oportunidad, has trabajado duro para conseguirla.

Luego de ordenar algunos detalles, salimos a pedirle permiso al jefe para seguir el trabajo solicitado por Lucía.

Pedro me explicó el problema, el jefe me miró y respondió:

–Está bien, ya sabes qué hacer en estos casos. Haz lo mejor; lleva a nuestro amigo para que te ayude en lo que necesites.

Acordamos que a las diez de la noche estaríamos de guardia para observar quién y por qué atormentaba a la niña.

Fuimos al local y nos quedamos en el jardín de la casa. Nos dimos cuenta que ningún espíritu sufriente ni delincuente había entrado en la casa de Lucía. Cuando entran en cualquier lugar, dejan huellas y olores, pero todo parecía tranquilo.

Ya eran más de las dos de la madrugada cuando vimos a unos hombres borrachos, unos arrastrando a otros, acercándose desde el jardín. Reconocí a Mário entre ellos. Llamé la atención del maestro Pedro. Señalándolos, pregunté:

– ¿Mário murió, maestro? ¡Está en medio de esos espíritus!

– ¿No es un espíritu encarnado, José? Mientras el cuerpo carnal de Mário duerme, el espíritu sale del cuerpo para resolver sus cuestiones espirituales – respondió el Maestro Pedro.

Todos los encarnados, cuando están en sintonía con sus mentores, salen acompañados de ellos. Van a escuelas y hospitales, visitan a sus familias, participan en fiestas espirituales y celebran fechas y eventos importantes con sus seres queridos. Y, en muchos casos, los llevan a visitar a familiares y amigos en la Tierra.

Ahora el espíritu endeudado y sufriente sintoniza con sus semejantes desencarnados. Salen a poner en práctica sus planes de venganza, se emborrachan en bares, van a fiestas donde se involucran con hermanos vinculados a la bebida, las drogas y el placer carnal.

Entraron a la casa y los seguimos, sin que se dieran cuenta de nuestra presencia. Al llegar a la puerta del cuarto de la niña, Mário, completamente fuera de sí, dijo a sus compañeros:

– Ustedes se dispersen. Voy a dormir al lado de mi hija.

Los demás cayeron al suelo y respondieron:

–Está bien, jefe. Que duermas bien y nos vemos mañana.

Entramos a la habitación, la niña dormía como un ángel. Se acercó a ella, pasando su mano sucia y fétida por la frente de la muchacha mientras hablaba:

– Eres mi única salvación. No quería hacerte daño, pero no tengo otra manera. Le ofrecí todo, porque a mí no me falta dinero, ¡pero él no quiere dinero! Lo entiendes, ¿no? Tendré que entregarte a como garantía, porque eres lo único que quiere. Dice que es vengarse de uno de sus enemigos, pero que no va a hacerte daño alguno, y en cuanto tenga a ese enemigo en sus manos, te dejará ir.

Me quedé helado, porque los espíritus también tienen sus crisis emocionales. ¡Así que planeó matar a la niña! Y, naturalmente, quien quisiera a la niña sabía quién era.

Pedro, serio y sin decir nada, escuchó lo que decía el pobre desgraciado. La niña empezó a temblar en la cama. Pronto empezó a llorar y gritar, llamando a su madre.

Lucía llegó corriendo a la puerta del dormitorio, se cayó y se lastimó el tobillo. Aun así, abrazó a su hija llorando de dolor.

Mário miró enojado a Lucía y le dijo:

– Si no fuera por este lío, pronto podría terminar este trabajo. ¡Ahí va otro día perdido!

Fui a ver a Lucía para masajearle el pie, lo que alivió el dolor. La niña se despertó y le dijo a su madre llorando:

– Lo vi mamá, era un monstruo horrible. Me ponía la mano en la frente y decía cosas.

– ¡Eso fue una pesadilla, mi amor! No te preocupes, estoy aquí a tu lado.

Entonces la niña pidió:

– Duerme conmigo, por favor, tengo miedo.

Me paré frente a las dos y elevé mi pensamiento a Dios, pidiendo ayuda a todos los puntos energéticos que ya conocía. Sentí algo cálido descender sobre mí; era como si estuviera flotando.

Con asombro, vi rayos de Luz de todos los colores saliendo de mis manos, rodeando sus cuerpos. En ese momento miré a Pedro, porque de él salía toda esa luz, una luz azul que al pasar a través de mí se transformaba en todos los colores. Estabilicé mis pensamientos en el maestro y le envié una carga de energía coloreada, diciéndole:

– Maestro, ante ti está la luz que irradia desde tu corazón. El Señor socava el camino de tantos hermanos, pero nunca se detiene a mirar su propia luz.

Vi lágrimas rodando suavemente por el rostro del maestro. Se acercó a la niña y se arrodilló frente a ella. Ella sonrió y le dijo a su madre:

– Creo que este monstruo nunca volverá a venir a asustarme, mamá. ¡Ahora encontré a alguien que me protegerá! ¡Es un ángel!

Lucía respondió:

– Así es, pequeña, ya no debemos tener miedo. Tú y yo oraremos mucho y pediremos ayuda a Dios para quitar todo el mal de nuestra casa. El Padre Celestial siempre enviará a sus ángeles para ayudarnos.

La niña respondió:

– Quiero ir al Centro Espírita. ¿Me llevas?

– Sí – respondió Lucía –. Yo te llevo.

Toqué el hombro del maestro, las lágrimas cayeron de mis ojos. De hecho, ella estaba allí acompañada de un ángel. Miró a la chica con una sonrisa en el rostro.

El maestro Pedro me pidió que me llevara a los hermanos enfermos y también que pidiera ayuda para sacarlos a salvo. Eran espíritus encarnados y desencarnados que se juntaban mientras sus cuerpos dormían. Activé nuestra alarma de llamada de socorro y pronto llegaron los guardianes que patrullaban la zona. Se ofrecieron a guiar a los espíritus, cada uno a su manera.

Aceptamos y agradecimos la ayuda recibida.

Cuando regresé a la habitación, encontré a Lucía durmiendo acurrucada con su hija. El maestro Pedro estaba al lado de la niña cubriéndola de luz, cuando me vio entrar vino a mi encuentro. Me abrazó y, con la voz entrecortada por la emoción, dijo:

– ¡Mi amigo, mi hermano! ¡A través de ti pude ver mi alma! ¿Te das cuenta, amigo mío, de cómo a veces buscamos algo que imaginamos que está tan lejos, pero no nos damos cuenta que está tan cerca de nosotros? ¿Y que no soy el ángel que crees que soy? Raquel estuvo frente a mis ojos todo este tiempo y no la reconocí. Antes que ella se preparara para reencarnar, estuve a su lado, sin reconocerla. Ciego, obsesionado con los recuerdos de mi pasado, olvidé que el presente siempre está frente a nosotros. Todos necesitamos una mano amiga, un hermano que nos ayude en este camino; todo es un intercambio de amor y energías positivas. Desde nuestro encuentro en esos presidio hemos andado juntos, encontrando nuestros caminos. Nos hemos ayudado mucho unos a otros. Entramos en una melodía de rebelión, lucha y sufrimiento, solo para descubrir que solo el amor vale la pena. Llego a pensar, hermano mío, que todos necesitamos recorrer el camino del infierno para valorar los caminos del cielo. Luchamos por los mismos ideales, buscamos y anhelamos la paz y el amor de nuestros seres queridos. Poco a poco subimos unos escalones que nos llevan a la comprensión de Dios. Volviste a encontrar a tus seres queridos y yo encontré el punto más importante de mi existencia: Raquel. Gracias a ella podré reencarnar nuevamente, descender al Umbral, seguir cualquier camino que el Gran Padre me pida tomar. Éste es el camino del amor, José.

Besó a la muchacha en la frente y me invitó a salir diciendo:

– Dejémoslas descansar. Todo está aclarado. Estoy vivo, sí, estoy vivo, encontré mi vida...

Nos fuimos y le conté lo que había oído sobre el riesgo que corría Raquel. Alguien quería que la niña atrajera a quien realmente quería encarcelar.

– Sigamos, amigo. Consultemos a nuestro superior para asegurarnos qué podemos hacer para paliar esta situación – respondió el Maestro Pedro –. A partir de ahora me esforzaré por acumular bonificaciones espirituales. No escatimaré esfuerzos en el trabajo, porque quiero ganarme el derecho de ver a Raquel y estar a su lado. Quiero que descubra qué es la felicidad.

Nuestro regreso ese día fue maravilloso. Pedro parecía más ligero y su luz era más fuerte y brillante. Observé a mi amigo y me convencí que el milagro de la vida es el amor.

Mientras atravesaba la densa nube irradiada por los primeros rayos del Sol, reflexionaba sobre todo lo que me había sucedido. Han pasado tantos años y parecía que fue ayer. Recordé los años que pasé en la celda, que fueron más largos que los cien años de la Colonia. Extrañaba la Colonia, amigos míos. ¡Aun quedaban tantas cosas por hacer! Llevaba tantos sueños dentro de mi pecho. Todo fue tan increíble y maravilloso. El tiempo realmente era muy pequeño en relación con toda la inmensidad por descubrir.

Miré al maestro Pedro, quien, con calma, irradiaba luz por dondequiera que íbamos. En cierto punto del bosque, me indicó que me detuviera. Un cachorro de leona se perdió de su madre; él fue en dirección opuesta, tambaleándose por la debilidad. Pedro recogió al animal y lo llevó hasta donde estaba la madre.

Cruzamos el bosque. Llegamos al otro lado, donde había un río ancho y caudaloso. En una de sus orillas se encontraba una mujer pobre, descalza y vestida con un gastado vestido de percal, que luchaba con una caña de pescar. Intentó tirar un sedal con un anzuelo aquí y allá. A su lado, dos niños pequeños, deseosos de comer, avivaban un fuego en la orilla del río.

El maestro Pedro se detuvo y acarició la cabeza de los dos niños que soñaban con un pescado para comer. Estaban hambrientos. Busqué algo que pudiera llevarles, pero no había nada.

El maestro Pedro me miró y dijo:

– José, hay muchos peces en este río, aunque están más adelante. ¿Qué te parece darles un empujón y llevarles un buen pescado para que coman estos niños?

– ¡Es hora, maestro! – Respondí lanzándome al agua. Intenté llevar el pescado al margen, revolví el agua, lo golpeé con las manos, soplé y ¡nada! ya me estaba frustrando cuando escuché una voz muy familiar en mi oído:

–José... ¿qué estás haciendo? ¡Estos peces no tienen visión! ¿Qué tal si traes uno al anzuelo?

– Gracias, maestro Pedro. Siempre olvido que soy un espíritu...

Minutos más tarde, estábamos felices, ¡ya que habían atrapado un pez dorado! La mujer agradeció a Dios y a los habitantes del agua. Me decepcioné porque era la que más gimnasia hacía bajo el agua, pero ella agradeció a la "gente del agua" ¡y no le dijo nada!

El maestro Pedro me tocó el hombro y me preguntó:

– José, ¿quiénes son la "gente del agua"?

– No lo sé maestro, nunca los he visto.

– Son todos espíritus que trabajan ayudando a otros hermanos en sus necesidades cerca de las aguas. Si estamos cerca de un río, mar, lago o incluso actuando en un vaso de agua, ¿no somos espíritus actuando en las aguas? ¿No me confundiste tú mismo con un guardián del mar? Todos somos pueblos de agua, de los bosques, de la tierra, del aire, del fuego, etc. Necesitaremos colaborar con nuestros hermanos encarnados y desencarnados, ¡y también cuidar la naturaleza! ¿Qué sería del hombre sin los recursos de la madre naturaleza?

– Tienes razón, maestro Pedro. ¡Tengo mucho que aprender de ti! ¡En este momento debo colocarme como un espíritu del agua! Así como representaste el espíritu del bosque, ayudando a ese cachorro.

Nos quedamos observando a la mujer y sus hijos. Ella se rio, tomó el pescado y dijo a sus hijos:

– ¡Hoy el Papá de los cielos nos regaló un buen pez!

Limpiaba los peces de la orilla del río, mientras enseñaba a sus hijos que solo debían coger del agua o del bosque lo suficiente para saciar su hambre y nunca por el placer de matar.

El maestro Pedro sacudió la cabeza diciendo que ella tenía razón. Los niños miraron los peces y prestaron atención a lo que decía su madre.

– ¿Te diste cuenta, José, qué criatura tan consciente? Esta mujer nunca se ha sentado en una banca de escuela, nunca ha salido del monte para ir a la ciudad, no sabe leer ni escribir, no conoce las leyes de los hombres. Sin embargo, ella conoce las Leyes de Dios, que son las más importantes – comentó el maestro.

Nos elevamos nuevamente en el aire, dirigiéndonos hacia nuestro hogar improvisado en la Tierra. Hay muchos rincones en la naturaleza donde cientos de espíritus trabajadores se refugian en lugares improvisados, así como hay cientos de casas que refugian millones de espíritus oscuros.

Los espíritus conscientes buscan refugio en sus pocos momentos de descanso, para renovarse en los puntos de la naturaleza. Ya los chupadores de energía humana – vampiros espirituales – buscan refugio en hogares, hospitales y, en determinadas situaciones, estos hermanos son más dueños de estos lugares que los propietarios encarnados.

CAPÍTULO 12

La batalla

Estuvimos involucrados en trabajos de rescate todo el día. Yo me quedé observando al maestro en acción y su transformación fue increíble. Sintonizando en el campo de energías positivas de un médium, aplicó todo su potencial. Allí no se veía ningún hombre, no era un ser con emociones y necesidades, sino una luz que iba en todas direcciones, era un Sol que irradiaba luz. Trabajando y sirviendo a los demás, se superó a sí mismo, venciendo el miedo, el mal y los recuerdos del pasado.

Lloré de emoción solo de pensar que quien tenía un amigo así era verdaderamente afortunado. Él, que hacía unas horas había vivido tan gran emoción, no pareció inmutarse, pues transmitió tranquilidad a los presentes. Él era luz, él era paz.

Tan pronto como terminamos nuestras tareas, me acerqué a los maestros y, como siempre, los felicité por el trabajo que hicieron.

Acompañé al maestro Pedro de regreso a nuestra Colonia. No hablamos mucho ni tocamos el tema, pero sé que rebosaba felicidad.

Cuando llegamos me invitó:

– ¿Vamos a hablar con nuestro mentor?

– Por supuesto – respondí.

El mentor principal estaba sentado en su escritorio, examinando algunos papeles. Cuando nos vio llegar se levantó y nos invitó a entrar y sentarnos. Al ver la preocupación en los ojos de Pedro, inmediatamente preguntó:

– ¿Puedo hacer algo por ti, hijo?

– Sí, maestro, necesito su ayuda.

Luego de terminar de informar todo lo que sabíamos sobre Raquel y las intenciones de un enemigo oculto, como no sabíamos quién era, el jefe respondió:

– Escucha atentamente lo que tengo que decirte. Un hermano, cuando se aleja de la luz, actúa como una bestia perdida y herida. No piensa ni siente la misma emoción, la misma alegría que sus hermanos que viajan a través de la luz. Este hijo de Dios, que está separado del rebaño del Padre, no puede olvidar sus penas, ya que vive ligado al sufrimiento del pasado, y en ese pasado, Pedro, tú eres su mayor objetivo. Te busca por todas partes, y sabe que estás entre nosotros. Te volviste hacia la luz, pero él no aceptó ni olvidó las adversidades del pasado. Se siente herido y ofendido, carga con el dolor de la venganza y el odio hacia ti. No hace mucho cerraste algunos albergues y encarcelaste a algunos dirigentes de su organización. Se dispuso a buscarte personalmente. Ofrece ayuda a los espíritus del bajo astral, cualquiera que pueda llevarlo hasta ti. Descubrió a Raquel y está tratando de arrastrarla a su organización y usarla en tu contra, porque conoce tus principios morales y espirituales, sabe que harás cualquier cosa por ella. Él sabe que no podrás derrotarlo mientras estés apoyado por las organizaciones de la luz, por eso intenta arrastrarte a la oscuridad para luchar. Él sabe que en la oscuridad es más fácil poner en práctica sus planes diabólicos contra tu integridad espiritual. No podrás enfrentarlo descendiendo a las tinieblas, pero puedes atraerlo hacia la luz, donde estás. Rescatar una oveja perdida del rebaño del Padre es más valioso que guiar a mil ovejas que ya conocen el camino de la luz, esta oveja camina en las sombras llevando consigo un gran rebaño. Dios te preparó, Pedro, como un pastor que conoce el camino que puede traer de vuelta a todo el rebaño perdido. Te daremos todo el apoyo que necesites, pero esta deuda debe saldarse y tú debes saldarla, hijo mío.

Pedro escuchó con la cabeza gacha, como si recordara algo muy importante.

Nuestro mentor me señaló y dijo:

– Hijo, tú puedes encargarte de desarrollar el trabajo de Pedro. Cuida la seguridad de Raquel y su madre, ya que ellas son cariñosas contigo, así se hace más fácil trabajar con el campo de sus energías – Mirando al Maestro Pedro, dijo –. Tú, hijo mío, sabes muy bien que es necesario rescatar a este hermano. Este es tu mayor desafío; la libertad espiritual de ustedes dos está en sus manos. Para traerlo a nosotros se requiere habilidad, talento e inteligencia. Es importante liquidar todos los puntos negativos que cierran sus caminos hacia la luz, y se necesita mucho amor, paciencia y resignación. Diariamente forma ejércitos y más ejércitos de hermanos perdidos y vagabundos. En la oscuridad, es temido y odiado por otras organizaciones oscuras, en la luz siempre es recordado y amado por todos nosotros. Cuenta con nuestra ayuda para lo que sea necesario y haz lo que sea necesario, Pedro: rescata a este hijo y tráelo de vuelta a la casa del Padre, nada de lo que hayas visto o hecho en estos últimos tiempos te traerá tanta felicidad como rescatar a este hijo. Él es muy importante en tu vida, y ha llegado el momento más esperado por todos nosotros: verlo libre y completamente reintegrado consigo mismo.

El maestro Pedro bajó los ojos y se quedó pensativo. Fijó su mirada en un punto lejano del horizonte y vi dos lágrimas correr lentamente por su rostro.

Seguí observando a ese espíritu, o a ese hombre – sinceramente, todavía me cuesta calificar el grado de estos hermanos iluminados. Nos sorprenden cada día que pasa, porque hablan como hombres, actúan como ángeles, ¡pero son espíritus!

Estaba analizando su figura. Alta, guapa, buen carácter y buen sujeto, ¡todo un amigo! Cuando lo encontré, estaba entre esos espíritus errantes. Él fue nuestro líder en la celda, fue quien nos mostró el lado bueno que se esconde dentro de nosotros: el lado del amor y la paz. Solo entonces comencé a comprender lo que estaba haciendo entre nosotros. ¡Él fue nuestro punto de apoyo, fue nuestra luz! Ninguno de nosotros podía ver nada diferente en él, porque solo veíamos nuestro propio retrato. Sin embargo, Dios envió un ángel para protegernos, y ese ángel era él.

Recordé las palabras de nuestro mentor principal:

– Pedro es como una estrella en el cielo, simplemente iluminando los caminos de los transeúntes. Está tan concentrado en su trabajo que aun no ha notado su propia brillantez. Aceptó servir a Dios de una manera tan clara que no comprende su propia naturaleza. Su humildad y su desapego por la obtención de beneficio personal le convierte en un ser puro que no se enorgullece de nada.

El maestro Pedro seguía de pie en el mismo lugar, mirando al vacío. No pude resistirme, porque ese hombre me dio vida, me ayudó a salir de la oscuridad. Nunca lo abandonaría en ninguna misión; pase lo que pase me quedaría siempre a su lado. Si se adentrara en la oscuridad, lo seguiría. Dondequiera que fuera, rogaría a los maestros para acompañarlo.

Me acerqué a él, me paré uno al lado del otro y solo entonces dije:

– Maestro Pedro, estoy aquí a tu lado. Como Plinio, estuviste de mi lado. No quiero solo ser un voluntario junto a ti, quiero ser ese amigo de allá que soñaba con la felicidad lejana. Contigo, maestro, aprendí que la célula más grande que sostiene un alma es su propia conciencia. Por favor, Maestro Pedro, déjame entrar en la celda de tu sufrimiento, porque ya sufro contigo. Si pierdes esta batalla, quiero compartir la responsabilidad contigo; ¡si ganas, quiero compartir el premio contigo! Por favor déjame acompañarte.

El maestro Pedro se volvió, me miró unos instantes y tocándome el hombro dijo:

– Mi amigo José, no te imaginas lo mucho que me ayudan estas palabras. Te necesitaré mucho, mi buen amigo. Vamos a firmar un acuerdo de honor espiritual, ¡dejaré mi vida en tus manos!

– ¡Maestro, doy mi vida por la tuya con mucho amor y alegría! – Respondí –. Honestamente haría eso y lo haré en cualquier momento si es necesario.

– José, Dios nunca hizo este tipo de negociación con sus hijos. Dios nos quiere a cada uno de nosotros con la misma intensidad, con el mismo amor. ¡Nunca le digas eso a nadie! ¡Por mucho que amemos a un ser, intercambiar vidas nunca será posible!

– Lo siento, maestro. Cuando creo que ya sé mucho, todavía caigo en trampas creadas por mis emociones– respondí.

Pasando su brazo por mis hombros, el maestro Pedro me preguntó:

– José, Raquel necesita la protección y el cuidado de un padre. Mientras estoy fuera, desempeñarás mi papel en su vida. Así como cuidé de tu hijo, te pido; que la cuides por mí.

Estaba sin palabras. ¿Entonces se alejaría de nosotros?

Como siempre, escuchó mis pensamientos y de inmediato respondió:

– Amigo, le dije: "mientras estoy fuera." Esto significa que no estaré presente todos los días, pero definitivamente regresaré. No saldré de las tinieblas sin haber puesto luz en el corazón de todos aquellos que, un día, renacerán en la piedad, movidos solo por el egoísmo y la vanidad. Para ello me propongo organizar mis tareas avanzando algunas medidas a tomar. Por orden de nuestro mentor, distribuiré algunas tareas entre nuestros voluntarios. Así que te anticipo esto a partir de ahora: tu misión será tan importante, si no más, que la mía. Me dijiste algo hace un momento que nunca olvidaré. Si pierdo la batalla compartiremos la responsabilidad, si la gano compartiremos la recompensa... ¡espero, necesito, lo quiero y compartiré este premio contigo, amigo mío!

–¡Esta victoria la lograremos en nombre de Dios! Creo en tu capacidad y tú puedes creer en mi lealtad – respondí emocionado.

Allí, al lado del maestro Pedro, me convencí cada vez más que un amigo en la fe vale más que muchos compañeros sin esa riqueza.

CAPÍTULO 13

La espera

En el mundo de los encarnados, nuestras preocupaciones son tan distintas a las preocupaciones del espíritu que no queda muy clara la diferencia entre unas y otras.

Como encarnados, queremos tener un trabajo remunerado y estabilidad financiera, casarse, tener hijos y llevar una buena vida. Esto es muy importante para las necesidades del cuerpo físico, aunque las necesidades del espíritu son diferentes.

En el mundo de los espíritus no hay preocupación por acumular bienes materiales, no hay diferencias sociales. Los derechos y deberes son los mismos para todos. En el mundo de los espíritus, los amigos se adaptan y sintonizan entre sí en la fuerza de la amistad y el amor fraternal; no existen bienes materiales e individuales para el espíritu, que se ocupa de incorporarse a las corrientes de la evolución global; es decir, no hay progreso individual, como nuestro crecimiento colectivo. Las corrientes de espíritus se unen para compartir las victorias.

En el Umbral o en las ciudades oscuras, como llamamos a los refugios espirituales creados por los espíritus errantes, también se reúnen para tener éxito en sus misiones. Nadie puede desarrollar nada solo. En la luz o en la oscuridad, necesitamos unirnos de manos y formar cadenas para lograr nuestros objetivos.

Aunque me esforcé por no dejar que esto me deprimiera, no pude ocultar mi tristeza al saber que estaría lejos de mi mayor compañero de trabajo y gran amigo espiritual.

El Maestro Pedro organizaba el trabajo, avanzaba tareas y capacitaba a algunos voluntarios – incluyéndome a mí – para continuar algunas misiones que él ya había iniciado. Fuimos a esa casa donde incorporó a mi hijo Jonás. Fue un trabajo magnífico. Antes que el responsable de la casa terminara de trabajar, escuché al maestro pedir unos minutos de atención.

Todos los presentes guardaron silencio, se acercó al médium responsable de la casa y le dijo:

– Me voy en una misión necesaria. Agradezco la buena acogida que siempre he tenido en esta casa y espero volver tan pronto reciba la orden suprema de Dios. A mi hijo – se refería a Jonás –, al que tengo un gran cariño, le pido que siga sirviendo en esta casa. Si no fuera por él no podría comunicarme tan bien con ustedes ni desarrollar mi trabajo como lo he hecho hasta ahora.

Alguien entre los encarnados le preguntó:

– ¿Tardará, señor?

Cortésmente respondió:

– Volveré cuando y tan pronto como Dios lo permita. No puedo decir qué tan pronto, pero creo que volveré – dijo mirándome.

Y añadió:

– Tengo plena confianza en los que me sustituirán, y se puede contar con cada uno de ellos, que estoy seguro que lo harán mucho mejor que yo. Los dejo en manos de Dios y no hay refugio más seguro que ese.

Se alejó del centro energético de mi hijo Jonás, quien cayó de rodillas llorando, pues, antes de irse, abrazó mentalmente a mi hijo, animándolo a continuar con la misión.

Los encarnados empezaron a salir de casa y nosotros seguimos trabajando con los enfermos. Alguien entre los habituales de la casa comentó:

– Lástima... ¿por qué fue a esta misión? ¿Habría hecho algo malo y sus superiores lo habrían llamado o recibirá un ascenso?

Otra persona respondió:

– ¡Nunca sabremos! Incluso me gustaba, ¿a ti no?

– ¡A decir verdad, no sé ni cómo decirlo! ¡Hablaba muy en serio, no bromeaba con nadie! Sé que es un espíritu, pero podría hacernos reír un poco.

– Bueno, eso es verdad. No jugaba con nadie. Pero enseñaba cosas buenas, y además no estamos aquí para oír chistes, sino para aprender cosas del espíritu.

Hablaban del maestro y olvidaban que todavía estábamos trabajando y que sus conversaciones, además de ser escuchadas, interferían en nuestras tareas. ¡La obra de los encarnados estará terminada, pero la nuestra no! Y qué absurdo... ¡hablaban del maestro como si no fuera a aparecer nunca más por la casa! ¡Ingratos! Los miré dolido.

Quise ir donde estaban las dos chicas y preguntarles si realmente estaban aprendiendo cosas buenas, pues apenas se había cerrado la cadena del trabajo espiritual y ya estaban criticando a personas que no conocían. Si supieran quién es el maestro Pedro no dirían semejantes tonterías.

El maestro Pedro me hizo una señal para que me acercara a él y así lo hice. Abrazándome, dijo:

–José, ¿qué has oído y aprendido en este último curso? Recuerda lo que Jesús le pidió al Padre cuando lo torturaban, lo ofendían y lo ultrajaban: *"¡Perdónalos, Padre, no saben lo que hacen!"* ¡Estas chicas no te ven, no hablan con malicia, hablan por ignorancia! Piensa quién está más equivocado: ¿ellas o tú? ¡José, no juzgues a estas hermanas, porque estás pecando tanto como ellas! Ellas están aquí aprendiendo lo que tú ya sabes, pero ten paciencia y háblales desde el corazón.

Me sentí avergonzado y respondí en voz baja:

– Lo siento, maestro. Vivo tropezando con mis pensamientos errantes. Tienes razón, perdóname por mi ignorancia.

Ayudamos a muchos enfermos allí mismo en la Tierra y enviamos varios espíritus a las Colonias competentes según las necesidades de cada persona. El amanecer ya señalaba los primeros rayos de Sol cuando terminamos de atender al último enfermo de ese día.

Una vez refrescados, llegó el momento que cada uno se dirigiera a su Colonia.

El maestro Pedro pidió permiso y comenzó a hablar:

– Amigos míos, como escucharon, ya me despedí de los encarnados, y ahora me despido de ustedes diciendo que a los amigos no les decimos adiós, sino hasta pronto. Necesito irme. No hay nada más justo que saldar mi deuda con Dios, que tanta paciencia ha tenido conmigo. Tuve tiempo suficiente para prepararme y fortalecerme para alcanzar el camino que me espera. No se preocupen, volveré.

Abrazó a cada uno de los trabajadores de la casa y, finalmente, vino hacia mí. Sus ojos profundos tenían un brillo nuevo, estaba lleno de confianza y amor.

– Amigo mío, vámonos, hoy es tu día para escucharme. Por favor déjame hablar. Disfrutemos de nuestro viaje. Hoy yo hablo y tú escuchas – dijo el maestro Pedro.

Nos elevamos en el aire y me invitó:

– ¿Vamos al borde del mar? Necesito captar esa energía divina que tanto bien me hace.

Sentado en nuestra roca favorita, escuché al maestro:

– Iré tranquilamente, porque mi vida está en tus manos. Sé que harás lo mejor por ella. No olvides que en la oscuridad, la luz de una luciérnaga es tan valiosa como el brillo del Sol en la Tierra. No olvides enviarme cada día un pensamiento esclarecedor y positivo, porque necesitaré de tu luz, tanto como un sediento en el desierto. Sinceramente, no puedo decirte nada sobre el comportamiento y los logros de la persona que estoy conociendo. Nos separamos durante muchos años y nunca más nos volvimos a ver.

Entonces el maestro Pedro continuó:

– Éramos amigos inseparables, tal como lo somos hoy los dos, ¿sabes? Te contaré algo sobre nosotros. Éramos muy parecidos físicamente y también teníamos pensamientos similares. Incluso después de nuestra desencarnación, permanecemos juntos como dos hermanos. Pero un día se rebeló contra sus amos y empezó a hacer cosas malas en nuestra Colonia. No lo aprobé y terminé teniendo una fea discusión con él. ¡Por eso me convertí en su enemigo número uno! De la misma manera que nos amábamos como hermanos, comenzamos a odiarnos como enemigos. Como bien sabes, cuando compartimos habitación con alguien en una Colonia, no podemos intercambiar con otra persona como lo hacemos en la Tierra. Compartimos la misma habitación, pero no intercambiamos una palabra. Un día, nos invitaron a los dos a trabajar en rescates en la corteza terrestre. Acepté inmediatamente. Respiré hondo, era una nueva oportunidad para mí. Me preguntaba cómo reaccionaría ante esa propuesta. Para mi sorpresa, aceptó trabajar en estas regiones sufridas sin quejarse. ¡Me pareció extraño porque se quejaba de todo! Nada estaba bien.

El maestro Pedro comenzó entonces a informar con su "amigo" de las labores de rescate:

– Llegó el día en que saliéramos de la Colonia, nos mantendríamos alejados por algún tiempo, que en el tiempo terrenal equivalía a unos diez años y en el tiempo espiritual, en esa región, equivalía a un año. Nos dijeron que lleváramos algunas cosas ya que regresaríamos pronto. En la entrada de la Colonia recordé que dejé la linterna y corrí a buscarla, me asusté mucho cuando vi a mi "amigo" llevándose todas sus pertenencias: ¿cuál era su intención? Pensé en hablar con el responsable de nuestra expedición, pero tras un análisis más profundo, recordé de las enseñanzas de los maestros: cada uno responderá de sus acciones. Tomé mi linterna y me fui. Tan pronto como llegamos a la corteza terrestre, mi "amigo" empezó a meterse en problemas. Se marchaba sin órdenes de su tutor, respondía mal a sus superiores, maltrataba a sus compañeros de trabajo y atacaba a los pacientes recién llegados. En el tercer año que llevamos en la Colonia de primeros auxilios, muchos hermanos rescatados ya habían recobrado la conciencia, otros esperaban la orden para ser llevados a reformatorios espirituales. Noté que mi "amigo" se estaba reuniendo en secreto con un grupo de espíritus condenados y parecían estar tramando algo. Estábamos en misión de rescate hacia el este, donde muchas personas desencarnadas en un temblor de tierra. El sufrimiento de los heridos fue demasiado grande. Finalmente, cuando terminamos de ayudar a todos, nuestro tutor nos llamó para ayudarnos a reponer las energías perdidas. ¡Mi "amigo" estaba desaparecido! Lo buscamos por los alrededores, pero no había ninguna señal. Uno de los guardianes que cuidaba a los internos de la Colonia se acercó a nuestro guardián jefe con una mirada seria y le comentó:

– ¡Señor, los internos del ala 19, donde estaban los considerados espiritualmente peligrosos, se han escapado! Nos sabemos todavía quién facilitó su salida, pero sospechamos que el responsable fue uno de los nuestros.

El guardián respondió:

– Es muy probable que haya sido uno de nuestros sí; de hecho, buscamos a un voluntario que no está en el grupo.

Entonces llegó alguien con la mala noticia:

– ¡Efectivamente hubo una fuga masiva! Nuestro hermano desapareció con los reclusos, sin duda él dirigió la fuga.

El guardián habló preocupado:

– Informaré a todas las Colonias vecinas, a los guardias que patrullan la corteza terrestre e informaré a nuestros superiores.

– Lamentablemente – continuó el instructor – mientras recogemos a los que se pierden, aquellos que ya están en casa y protegidos deciden volver a la oscuridad.

El maestro Pedro añadió:

– Este "amigo" era muy inteligente, tenía previsión para elaborar planes. Lograron atravesar la corteza terrestre y regresaron a la Tierra. La información más reciente que tuve y era que se convirtió en una especie de rey entre sus aliados. Creó fortalezas en la oscuridad; hay miles de Colonias dominadas por él. Desarrollé un trabajo positivo del lado de la luz, y él desarrolló un trabajo negativo del lado de las tinieblas. Ha llegado el momento de vernos; es momento de alinearnos y ajustar definitivamente nuestras diferencias. Sé que no será fácil cruzar todas las barreras hacia él, pero tengo que llegar allí, necesito encontrarlo.

Simplemente escuché, tragué saliva y le pedí a Dios que iluminara a mi amigo. ¿Quién podría ser enemigo de alguien como Pedro? Sería imposible que alguien no se llevara bien con él. Recordé la reacción de mi hijo Jonás cuando nos encontramos en la Colonia, donde pasé tantos años junto a él como enemigo. A veces estamos al lado de aquellos que amamos y no notamos su presencia. No sabía qué pensar de esta antigua historia, pero seguramente Dios protegería a mi amigo.

Llegamos a nuestra Colonia. El maestro Pedro se detuvo en la entrada y me dijo:

– Te acompañé hasta aquí para desahogarme un poco.
No voy a entrar, porque desde aquí sigo mi nuevo camino.

Antes que dijera nada, me abrazó diciendo:

– Cuídate mucho, José, haz lo mejor que puedas. No pensando en mí, sino en todos nosotros.

Abracé al maestro Pedro y no pude contener las lágrimas.

Con voz ahogada, pregunté:

– Promete que también te cuidarás solo. No me da vergüenza hablar, necesito que vuelvas, ¡por el amor de Dios! Señor, en nombre de Dios, te lo pido. Yo sé que junto a tu luz solo soy una luciérnaga, pero si me necesitas, llámame, iré corriendo.

Me dio unas palmaditas en la espalda, me miró a los ojos y dijo:

– No te angusties, ya volveré. Te prometo que todavía nos sentaremos en esa roca junto al mar y sentiremos la energía del océano. Iremos a la cima de la montaña, a la cabaña de grandes encuentros espirituales, ¡y voy a tomar tu café!

Se alejó, con pasos firmes y seguros, y yo me quedé allí mirando a aquel hombre o ángel – tanta luz y sabiduría en ese ser... Partió hacia las tinieblas en una nueva misión llevando como equipaje solo el amor de Dios en su corazón: acción y mucha voluntad de trabajar.

Me senté en una banca y observé hasta que desapareció en el espacio. Volitó como un pájaro plateado, su luz brillaba intensamente. Oré y pedí a Dios que no lo abandonara. Recordé mi tiempo en la celda del Umbral: él estaba allí iluminando mi camino de regreso a la luz, seguramente traería a ese genio de las sombras al seno de la luz.

Un anhelo inmenso invadió mi corazón. El amor es un sentimiento sin explicación... Yo amaba a ese maestro como amaba a todos mis seres queridos. Mirando al infinito pensé: "Así como no podemos explicar el gran amor de Dios por sus criaturas, tampoco podemos explicar nuestros propios sentimientos de amor. Haré lo mejor que pueda para no decepcionar al maestro Pedro, quien me confió el tesoro más valioso de su vida: Raquel."

Me juré a mí mismo: "Cuidaré de esta niña como si fuera mi propia vida."

CAPÍTULO 14

El gran aprendizaje

Cada uno de nosotros intentó realizar nuestras tareas según lo acordado con el maestro. Al recibir plena ayuda de los hermanos trabajadores, fui involucrándome con lo que me había confiado el maestro Pedro.

Me comprometí a velar por la seguridad espiritual de Raquel, y recurrí a la ayuda de los maestros quienes me ayudaron prontamente cuando necesitaba orientación en los procedimientos de algún trabajo a realizar.

Tuve el honor de recibir muchos cursos, que aumentaron mi fortaleza y estima personal. Siguiendo los pasos de mi pequeña familia encarnada, recuperé mi equilibrio emocional y aprendí a no involucrarme ni interferir en el cuidado de mis seres queridos. Fue una gran felicidad lograr esta gracia de Dios, el equilibrio de las emociones, realizar mis tareas con seguridad y serenidad.

No puedo negar que me sentía incompleto sin la presencia del maestro Pedro, pero seguí confiando en Dios, esperando noticias suyas.

De vez en cuando nuestro principal mentor nos regalaba una reunión fraternal, en la que muchos amigos de diversas Colonias espirituales se reunían para dar charlas amistosas e intercambiar información sobre nuestro trabajo diario. En una de estas conferencias nos informaron que recibiríamos la noble visita de un espíritu altamente evolucionado y conocedor de los planos espirituales. La alegría se apoderó de nuestra Colonia. Una visita tan importante como esa solo podía generar expectación. Uno de los amigos presentes hizo un comentario y nosotros nos detuvimos a reflexionar sobre sus palabras:

– Cuando estamos encarnados, realmente somos ciegos e insensatos. Este señor está mucho más cerca de nosotros cuando estamos en la Tierra... Las personas encarnadas tienen la ilusión que después de la desencarnación se unirán a los ángeles, santos y espíritus nobles, tal como este gran maestro. Y sin embargo, de este lado descubrimos que es mucho más difícil recibir su visita.

Cuando dejamos el mundo carnal, regresamos al mundo espiritual y comenzamos a vivir donde y con quién merecemos estar, después de todo, ¡también somos espíritus!

Creo que cada uno hizo una breve reflexión sobre lo cierto que era todo eso. Los espíritus voluntarios y autorizados para ayudar a los encarnados a pasar tan cerca de nosotros en la Tierra, viven tan cerca de la gente, pero pasan desapercibidos para la mayoría de los encarnados.

Esperamos ansiosamente. En el fondo, cada uno quería saber noticias de un ser querido, pues él era el viajero entre la luz y las tinieblas. Este caballero, conocido como el "Mensajero de la luz", es un guardián que penetra en las zonas oscuras e iluminadas. Es respetado por su trabajo constante e incansable. Trabaja vinculado a todas las legiones, es temido en la oscuridad y respetado en la luz. Su campo de energía espiritual es una verdadera prisión para los oscuros, ya que su energía espiritual domina, atrapa y arrastra a sus enemigos siempre hacia la luz. Una de sus características personales es la bondad. Trata con cariño y respeto a todos los hermanos que están bajo su supervisión. No utiliza la emoción en su trabajo, pero no comete injusticias, pues siempre aplica la razón.

Era un viernes frío y lluvioso en la Tierra. Ya estábamos trabajando en la casa donde mi hijo realizaba trabajo espiritual. Como se mencionó anteriormente, los espíritus son los primeros en comenzar a trabajar y solo se van cuando se completan todas las tareas. Vi a mi hijo entrar con la cabeza gacha. Parecía triste, desanimado. Estaba esperando que comenzaran la obra. Noté que estaba acompañado por un hermano sufriente que acudió hasta allí para pedir ayuda. Ayudé al hermano enfermo desencarnado que estaba mentalmente vinculado a él. Sentí que Jonás respiraba profundamente y se animaba.

Lo escuché comentarle en voz baja a otro hermano:

– Hoy estoy sudando frío. Estoy aquí sin saber con quién voy a trabajar. No tengo idea de quién podría venir. Siempre trabajé con el hermano Pedro...

Entonces el amigo respondió:

– Ten fe en Dios, mantén tus pensamientos en Él. Un padre, cuando necesita irse a solucionar cosas importantes, y siempre es por nuestro bien que lo hagan, antes de salir para realizar determinadas misiones, toma medidas. Seguramente ya ha preparado a alguien que le sustituya en esta tarea. Mantén la calma y recibe a quien venga con mucho amor.

Mis ojos se llenaron de lágrimas; nunca había pensado en esa hipótesis. ¡A veces estos problemas son nuestros, no de ellos! Nuestros mentores nos instruyen a prestar siempre atención a las enseñanzas de muchos espíritus encarnados evolucionados que trabajan en las Casas espíritas, ya que tienen muchas cosas hermosas que enseñarnos. Allí estaba yo teniendo prueba de ello – ¡qué hermoso ejemplo! Sentí mucho cariño por ese hijo, quería abrazarlo.

Cuantas veces nos emocionamos o entristecemos cuando vemos a alguien ayudando o maltratando a nuestros seres queridos... Ese hermano encarnado ayudó a mi hijo, le dio fuerzas y lo animó a tener fe.

Mi hijo respiró hondo y dijo:

– Muchas gracias por tus palabras. Tienes razón. Si estoy aquí preparado, lleno de fe y de amor en Dios, no debo temer a nadie que venga, ya que vendrá con el permiso del maestro.

– ¡Así es, Jonás! Así se dice. Pongámonos en sintonía con nuestros mentores espirituales con mucho amor, ¡trabajemos con fe! – dijo alegremente el muchacho.

¡Agradecí a Dios y reconocí que estaba frente a un ser encarnado muy evolucionado!

Los mentores fueron incorporados a sus médiums. Colaboré con todos los trabajadores, pero miré a mi hijo, que había sido llamado por el mentor de la casa.

Intentaré explicar cómo vi al mentor principal de la casa conectando al médium con el nuevo mentor: se acercó a Jonás y una nube luminosa lo cubrió de pies a cabeza, el cuerpo de Jonás quedó envuelto en esta luz. Vi descender una bola luminosa que, al tocar la parte superior de su cabeza, con la velocidad del rayo, se transformó en el cuerpo espiritual del mentor que mentalmente se ajustó a él. Vi dos cuerpos y un solo pensamiento. Como espíritu, estaba encantado; nunca antes había visto esto.

Manoel, al ver mi sorpresa, me habló suavemente al oído:

– El médium no siempre capta toda la información de los maestros. A menudo un médium plenamente incorporado, pero consciente dificulta el trabajo de los mentores si no están capacitados para tal tarea. Otras veces un médium indisciplinado, que no respeta las necesidades básicas para una sana incorporación, bloquea la entrada de la conexión espiritual. En este caso, el mentor permanece al lado del médium y el médium no siempre comprende o entiende sus palabras, por eso acaba escribiendo o diciendo tonterías. Pero este no es el caso de Jonás.

El mentor principal de la casa apartó su mano de esa luz. Se giró y quedé asombrado, porque vi a un joven caballero, de mirada orgullosa y decidida, que saludaba y bendecía a todos en el nombre de Dios.

Dijo algo privado para cada uno. Cuando llegó mi turno, me estrechó la mano y dijo:

– Fue una pena, apenas nos encontramos. Cuando saliste de la cabaña con Pedro, llegué enseguida. Sé que fue tu compañero de viaje, porque Pedro me habló mucho de ti. Estoy feliz de encontrarte en esta casa. Cuenta conmigo para cualquier ayuda que puedas necesitar.

Apenas pude contener las lágrimas de emoción. Le agradecí por estar ahí apoyándonos. Entonces este mentor era amigo del maestro Pedro. ¿Será que sabía de la partida de su maestro?

Terminada la obra, se despidió de nuestro grupo y continuó en compañía de otros maestros. Me quedé allí observando a ese caballero elegante y educado, me recordaba al maestro Pedro.

El domingo era nuestro día, por así decirlo, "libre." Nos preparamos para el encuentro con el ilustre caballero. Uno de sus compañeros de misión dijo que ya había participado en una conferencia con él y que había sido muy beneficiosa. Tenía muchas ganas de conocerlo en persona, porque en todas las Colonias espirituales que visité escuché mucho sobre él.

Fuimos al auditorio. Me senté muy cerca del escenario donde iba a dar su charla. Pronto se abrieron las cortinas, que no son de telas, sino de una película luminosa, entró nuestro mentor acompañado de otros mentores.

Vi entre ellos a ese nuevo maestro que incorporaba a mi hijo. Me alegré mucho y pude concluir que era un ser luminoso muy importante, ya que estaba entre los maestros.

Cual no fue mi sorpresa cuando el mentor lo presentó y nos dijo:

– Aquí está nuestro ilustre hermano que nos honra en este día con su visita y su charla.

Miró en dirección a todos, miró a cada uno a los ojos. Estábamos de pie y sugirió que nos sentáramos. En aproximadamente dos horas de conferencia, nos dio mucha información importante sobre lo que estaba sucediendo en la Tierra y en muchas Colonias espirituales. Finalmente, resumió bien:

– ¡No todos los espíritus encarnados son conscientes de las perturbaciones que provocan cuando desencarnan, precisamente porque nunca creerán que son espíritus! Nuestro equipo que coordina la investigación humana está preocupado por el futuro de la humanidad, ya que a medida que la población crece, el hombre desarrolla proyectos tenebrosos que comprometen a las futuras generaciones. ¡Entre armas, venenos y muchas otras cosas nocivas, se está desarrollando la tecnología para transformar la naturaleza en drogas! Cada vez es más complicado patrullar la corteza terrestre, mientras los ejércitos de fugitivos y alborotadores desanimados aumentan cada día. Si el mundo carnal está ampliando sus ciudades para satisfacer todas las demandas humanas, el mundo espiritual también necesita urgentemente reconstruir sus equipos, solicitando y entrenando nuevos maestros para ocupar posiciones dentro de las nuevas legiones. Y ustedes, hermanos míos, que son nuestros colaboradores, deben tomar cada vez más conciencia de la necesidad de realizar muchas tareas, que hoy ocupan el tiempo de los mentores más experimentados en el área de la salud y la educación espiritual, para hacer un aporte; haciendo el trabajo que ellos realizan. Muchas de las tareas que hoy llevamos a cabo en la Tierra tendrán que ser asumidas por ustedes. Por eso, estudien y abracen esta causa, que nos pertenece a todos.

De esta manera, explicó cada uno de sus proyectos y, cuando terminó de presentar su trabajo, una fuerte energía se apoderó de cada uno de nosotros. Creo que si en ese momento nuestro principal mentor preguntara: "¿Quién te gustaría que lo siguiera?" Todos habrían levantado la mano, incluido yo. Sabía expresarse, planteaba problemas y señalaba soluciones con mucha claridad. Escuchando tus palabras, realmente extrañé al maestro Pedro.

Nos envolvió su carisma. Después de una pausa, se puso a nuestra disposición y dijo:

– Estoy a su disposición, siéntanse libres. Si puedo ayudarlos, lo haré con mucho gusto; pero, si no tengo la respuesta, prometo informarme y enviársela a través del mentor principal de esta Colonia, ya que es necesario ayudarnos unos a otros.

Tengo la costumbre de no ser nunca el primero en hacer una pregunta, porque me siento intimidado. Cuando los demás preguntan, me siento más cómodo, más seguro.

Escuché las preguntas de algunos hermanos. Algunos querían saber sobre sus padres, otros sobre sus hijos y amigos, hermanos, esposas, etc. Con la información proporcionada por sus hermanos consultó un pequeño dispositivo en su muñeca, a modo de reloj. Algunos compañeros lloraron emocionados al recibir noticias de sus familiares – muchos se encontraban en Colonias muy cercanas a nosotros. Para otros compañeros, la investigación no dio respuesta. Fue claro y dijo:

– Los que no están en esta lista están encarnados; podrán obtener información a través del órgano que se encarga de los procesos de reencarnación.

Entonces cuando me tocó preguntar, me dio vergüenza, porque todo lo que quería saber era sobre el maestro Pedro. Pensé para mis adentros: "Si me reprenden, me disculparé, pero debo correr un riesgo."

– Señor, no sé si tengo ese derecho, pero la persona de quien me gustaría escuchar es un maestro muy querido. Es el maestro Pedro, el amigo que compartió conmigo momentos valiosos – dejé de hablar y pude escuchar los latidos de mi propio corazón. Me sudaban las manos, me ardía la cara, me brotaban lágrimas de los ojos, tal era mi ansiedad.

El maestro, tranquilo y pacífico, me miró profundamente a los ojos y respondió:

– Señor José, ¿cuántas veces hemos buscado una respuesta mirando una estrella en el cielo y sin prestar atención a una luciérnaga que nos rodea? La misión de nuestro amigo requiere precaución, paciencia, habilidad y competencia. Conociéndolo como lo conocemos, ¿no creen que regresará con todo el rebaño, y no solo con las ovejas "principales"?

– Sí, señor, estoy seguro – respondí secándome las lágrimas.

– En ese caso, hermano mío, esperemos con tranquilidad los buenos resultados de la noble empresa que tomó a su cargo el maestro Pedro. En casos como este, no tenemos acceso al mérito del trabajo de nuestros hermanos involucrados en estas misiones. Sin embargo, para tranquilizarlo, debo asegurarle que no recibió ninguna llamada de ayuda por su parte. Entonces, creo que todo está bajo el control de Dios. Y, si estamos bajo la mirada de Dios, hermano mío, ¿qué debemos temer? Espera a que tu amigo haga todo lo posible para realizar las tareas que has emprendido con él. Pon alegría en tu corazón, vive cada día, cada momento de tu vida, creyendo en un mañana mucho mejor para todos nosotros. Realiza tus tareas con entusiasmo, amplía tus conocimientos, crea oportunidades para ti y los demás. Sé optimista y al mismo tiempo cauteloso con sus emociones.

Le di las gracias al maestro, pero confieso que me sentí un poco frustrado. Él fue amable y bondadoso conmigo; sin embargo, lo que realmente quería era saber de mi amigo y maestro. Todavía estaba lejos de comprender esas dosis de sabiduría que estos mentores llevan dentro de sí.

CAPÍTULO 15

Las grandes revelaciones

Me involucré tanto con el trabajo que incluso olvidé que en la Tierra existía el tiempo y un reloj que controlaba la vida de las personas. Muy raramente me tomaba el tiempo para ir a la playa y sentarme en nuestra piedra y capturar la energía del agua. Lo único que nunca dejé de hacer todos los días fue orar por el maestro Pedro y darle toda mi atención a Raquel.

¡En uno de los Centros Espíritas donde serví a Dios, varios hermanos que colaboraban con médiums, algunos ya trabajando como voluntarios y pasistas espirituales, desencarnaron y regresaron tan rápido! Qué bueno es sembrar buenas semillas en la Tierra... En poco tiempo vi a hermanos cosechar grandes frutos.

María y Jonás asistían semanalmente a trabajos espirituales; sus hijos solo de vez en cuando. Se casaron, dieron la bienvenida en sus brazos a los demás miembros de la familia. Tenían el pelo blanco y muchas arrugas en el rostro, marcas que el tiempo físico no oculta en las personas pelirrojas.

Raquel se formó como médico, al igual que su padre adoptivo. Lucía estaba tranquila; se había casado con un hombre bueno, estaba apoyada y muy feliz. De hecho, se habían conocido en la Casa donde predicábamos la Ley del amor.

Mário falleció en un accidente de helicóptero. La noticia fue que se encontraba en estado de ebriedad y no estaba en condiciones de conducir, siendo responsable de su propio accidente.

Incluso porque era el padre biológico de Raquel, traté de averiguar sobre él a través de nuestro mentor principal y descubrí que estaba ingresado en un hospital de recuperación para espíritus con discapacidad mental.

Raquel no siempre estuvo presente en el trabajo espiritual, pero siempre que podía iba a verla al hospital o a su casa. Recuerdo que un día llegué a su casa, ya eran más de las once de la noche, Lucía y su esposo habían ido a la fiesta de graduación de un familiar. Raquel tenía sopa en la estufa y se acabó el gas para cocinar. Ella no sabía qué hacer. Miró el otro cilindro y pensó: "¿Será que lo voy a conseguir?" Le suspiré al oído: "Claro que puedes, ¡vamos, haz cosas más serias! ¿Qué es más fácil, cambiar este cilindro u operarte?"

Por capricho, arrastró el cilindro, cortó el sello con un cuchillo y solo entonces fue a quitar la manguera del otro. Cuando fue a apretar la manguera del cilindro, el gas que se escapaba empezó a hacer ruido. Ella gritó asustada:

–¡Gracias padre José! ¡Ayúdame, por el amor de Dios!

Tomando su mano con fuerza, también grité:

–¡Yo lo valgo, Dios mío! ¿Cómo puedo detener esto? "¡Vamos, no te rindas! Sigue presionando este disco hasta que cierre bien!" – fue el mensaje de uno de mis maestros.

El ruido cesó. Yo estaba sudando y Raquel se reía sintiéndose una heroína.

Me sentí culpable por no haberle indicado que primero quitara el que estaba enchufado a la estufa para poder abrir el otro. ¡Pero nunca antes había cambiado un cilindro de gas! Fue una lección para los dos.

Pronto estuvo preparando espuma de jabón para colocarla alrededor del registro. Todo estaba en orden, no había ninguna fuga. ¡Presté atención a todo lo que ella hacía, porque yo también estaba aprendiendo! La sopa se preparó con éxito y el hecho que ella confiara en mí me llenó de alegría. Incluso cuando no pude ayudarla por falta de conocimiento, nunca dejé de cumplir mi promesa al maestro Pedro.

Muchos hermanos encarnados piensan que los espíritus lo saben todo. Enseñamos a nuestros hijos lo que aprendimos en las Colonias espirituales y aprendemos muchas cosas nuevas desarrolladas en la Tierra, con los encarnados.

Al ver a Raquel tomar su sopa con tanto gusto, recordé que cuando era adolescente le daba muchos consejos. Incluso fui estricto con ella cuando su madre vino a pedirme ayuda y me contó sobre las compañías con las que estaba involucrada.

Gracias a Dios, ella siempre fue una niña maravillosa y entendió bien mis consejos.

Cuando decidió hacer el examen de ingreso a Medicina, vino a pedirme consejo. Respondí:

– Raquel, la ayuda más grande que puedes recibir es de Dios. Estudia un montón. Debes estar segura de lo que quieres y creer que funcionará. ¡No soy yo quien te hará aprobar el examen de ingreso, eres tú!

Así lo hizo. Hizo un esfuerzo y entró en la facultad de Medicina. A poco de finalizar su carrera se especializó y siguió el ejemplo de su padre adoptivo, que era un gran cirujano. Se hizo famosa y reconocida en su campo.

Sus relaciones fueron fugaces, nada serio. Realmente le pedí a Dios que no le permitiera sufrir a manos de nadie. Me molestó cuando escuché comentarios de algunas personas que decían que ella ya había pasado la edad para casarse.

Comencé un nuevo trabajo en la Tierra y recibí un pasante como socio. Un muy buen joven, pero a veces era demasiado testarudo. André me recordó a Jonás en muchos sentidos. Nuestra tarea fue de suma importancia espiritual: comenzamos a ayudar a los heridos en la Tierra. En estos accidentes realizamos aislamiento espiritual, no permitiendo que espíritus errantes se acercaran a las víctimas. Colaboramos, dábamos primeros auxilios a las víctimas hasta que llegaran los médicos carnales.

Siempre involucrado en otros trabajos, pero con mi dispositivo de llamada de emergencia encendido, una tarde André me llamó a toda prisa, ya que necesitábamos rescatar un hermano que tuvo un accidente automovilístico. Al llegar al lugar descubrimos que había fallecido. De hecho, se suicidó porque conducía ebrio. Luego de una pelea con su prometida, salió a gran velocidad, poniendo en riesgo su vida y la de otras personas.

Por mucho que intentamos convencerlo de que se calmara y nos dejara cortar su cordón plateado, que era lo único que lo ataba a su cuerpo físico, él insistía en permanecer pegado a su cuerpo, gritando, pataleando, comportamiento típico de un espíritu desequilibrado.

Intentamos cortarle el cordón plateado a la fuerza, pero nos arrancó el dispositivo, lo arrojó y gritó:

- ¡Soy cinturón negro! ¡Te voy a hacer picadillo!

- Me escupió en la cara con odio.

- ¿Qué vamos a hacer? - me preguntó André, quien estaba angustiado.

- ¿Sinceramente? No lo sé - respondí.

Mi deseo, en ese momento, era enterrarlo aferrado al cadáver. ¿Quién sabe cómo aprendiste el respeto y la cortesía? Pronto se me ocurrió y hablé en voz alta:

- Perdóname Dios, necesito tener control y ser humilde ante tus hijos.

André y yo nos miramos.

- Pidamos ayuda: ¿a nuestro mentor? - Sugirió mi compañero de trabajo.

- André, ¿has notado que ambos hemos estado pidiendo demasiado a nuestros maestros estos últimos días?

Habíamos hecho el curso hacía poco, pensábamos que estábamos preparados para actuar en estas situaciones, y ahora estamos aquí con las manos en la cabeza, sin saber qué hacer. Calmémonos y tratemos de recordar cómo actuar en casos como éste.

– ¡No podemos dejar a este desgraciado aferrado a su cuerpo carnal! – Dijo nerviosamente mi compañero de trabajo.

–¡Por supuesto que no lo dejaremos! Pensemos en qué hacer.

Me acerqué y traté de convencer al tipo, que no solo me llamó santo, el resto ya se lo pueden imaginar.

Nervioso y ya irritado, grité:

– ¡Escucha lo que te voy a decir, muchacho! ¡Mira bien tu cuerpo físico y ahora mira de dónde vino este otro cuerpo que está colgado de este cordón que necesitamos cortar para liberarte!

Él empezó a reír y respondió:

– ¡Bebí tanto que hasta tengo un solo ojo! ¡Realmente veo dos cuerpos idénticos! Y dos idiotas a mi lado.

André me tomó del brazo y dijo:

– ¿Vamos a rezar?

Mirando al chico que intentaba sacar un trozo de vidrio para tirárnoslo, respondí:

– Vamos a rezar.

Cuando comenzamos a orar, gritó en voz alta:

– ¡Deténganse! ¡Esto me está irritando! ¿Me están molestando, bastardos? ¡Quién va a morir es su madre!

No pasó mucho tiempo y estábamos rodeados de espíritus del bajo astral que intentaron perturbar nuestro trabajo. Uno de ellos, riéndose a carcajadas, dijo:

– ¡Ah, si tan solo hubiera encontrado a estos aprendices cuando me tocó mi turno! ¡Habría tomado su lugar y habría entrado al cielo como un ángel!

Los demás se rieron de nosotros.

La policía cubrió su cuerpo físico. Muchos curiosos rodearon el lugar, y allí también se postraron los espíritus que gustan de perturbar nuestro trabajo en estos momentos. Tomé la mano de André y le pregunté:

– Cierra los ojos, oremos. No temas, estos malhechores no nos golpearán. Además, será muy bueno para ellos quedarse aquí, porque cuando pidamos el rescate para el muerto, ellos también serán llevados.

Oramos fervientemente y cuando abrimos los ojos, el chico estaba jadeando pidiendo ayuda.

Con mucho cuidado cortamos el cordón plateado, separando el cuerpo físico del cuerpo espiritual. Activamos el equipo de rescate y al poco tiempo llegaron dos enfermeras con una camilla. Mientras transportaban al hermano, limpiamos el lugar y el cuerpo físico para no atraer espíritus que practican el vampirismo – chupar sangre humana para alimentarse.

Mientras hacíamos nuestras labores de limpieza, ¡nos reímos del miedo a un muerto! Mi compañero preguntó:

– José, ¿tenías miedo que el muerto te matara?

Nos reímos juntos.

– ¡Bueno, un muerto le tiene miedo a otro! – Respondí. Nos quedamos allí hasta que sacaron el cuerpo físico. Nos fuimos cansados. André comentó:

– Vaya lucha que pasamos hoy, ¿eh, José? Creo que podríamos ir a la playa a respirar un poco, ¿qué te parece?

–Creo que tu idea es maravillosa. De hecho lo necesito.

Nuestro dispositivo de llamada de emergencia fue activado. Miré a André y respondí. El mensaje decía: "Continúen inmediatamente al otro lado de la isla y observen un punto luminoso sobre una pequeña cabaña. Y ahí necesitan proporcionar ayuda."

La pantalla se apagó.

André me miró y dijo:

– ¿Que pasará ahora? ¡Adiós, playa!

En cuestión de minutos ubicamos la cabaña en medio del bosque. Entramos y encontramos a una pequeña de unos cinco años llorando junto a su madre, que gemía agarrada a la cabecera.

– ¡Dios mío! ¡Esta mujer va a dar a luz! ¡Tenemos que ayudarla! – Le grité a André.

– En este caso, estás más preparado que yo – respondió –. Ya eras padre en la Tierra, debes recordar lo que hay que hacer.

– ¡André, deja de hablar y ayúdame! ¡Yo era padre, no madre! ¡Calma a esta chica, llévala a beber agua y haz lo que te digo!

Así lo hizo. Afectuosamente sugirió que la chica lo siguiera a la cocina y fuera a beber agua. Yo grité:

– Ve si el fuego está encendido. ¡Sopla las brasas, vamos a necesitar un fuego!

Masajeé y calmé a la niña y a la madre. Se relajó un poco, le transferí una carga de energía y empezó a respirar mejor y a pujar para ayudar a que naciera el niño. Pronto vi la cabecita señalando y le grité a André:

– ¡Pregúntale a la niña dónde tiene unas tijeras, un cuchillo o cualquier cosa que corte! ¡Desinféctalo al fuego y tráelo para cortar el cordón umbilical!

–Encontré una navaja – gritó André – ¡pero no puedo sacarla del cajón!

– ¡Usa la mente de la chica! Esto es algo físico, ¿has olvidado que eres un espíritu? Saca del fuego lo necesario con la mente, André, ¡no uses las manos de la niña! Desinfecta el cuchillo y sugiérele cuidadosamente a la chica cómo debe cogerlo, tráelo aquí a través de la chica.

Le sugerí a la madre que se tapara la parte baja del vientre, la ayudé a hacerlo. La niña entró con el cuchillo en la mano, y la madre emocionada, ya aliviada de su dolor, apoyó al niño en manos, dijo:

– Hijita, fue Dios quien sopló en tu oído. Mamá necesitará esto. Ve a buscar tu muñeca y vuelve para mostrarle a tu hermano pequeño.

Cortamos el cordón umbilical. El niño lloraba y la madre lo envolvió en una sábana. Ayudamos a la madre a limpiar y a recoger la placenta. La niña volvió con la muñeca y, riéndose, miró a su hermanito diciéndole que era hermoso.

André se apoyó contra la pared. Me miró y los tres. La madre, aun cansada, intentó distraer a la niña, quien, curiosa, preguntó a su madre por qué había sangre en la cama. Le explicó que no era nada grave, era lo mismo que cortarse un dedo, ya había sanado.

– Pronto llegará papá y estará muy feliz de ver a tu hermano.

Fue entonces cuando escuchamos ladrar a un perro y la niña gritó:

–¡Es papá, es papá, y Tufo!

El muchacho entró corriendo en la cabaña.

– ¡Dios mío!, ¿qué pasó?

La esposa le mostró al hermoso niño. Él empezó a llorar. Entonces entró una señora de mediana edad y corrió hacia la niña, la abrazó y llorando de alegría le dijo:

– ¡Hija mía, esperábamos este niño desde hace quince días!

– Gracias a Dios madre, todo está bien – respondió la niña.

– Roberto, lleva a la niña a la cocina, pon agua al fuego, porque la voy a necesitar. Voy a cambiar la ropa de cama y limpiar mejor a la madre y al niño.

– Sí, señora Leda, ven hija, ven a ayudar a papá, preparemos algo realmente rico para comer.

Poniendo leña en la estufa y una olla con agua en el fuego, agradeció a Dios por cuidar de su esposa y sus hijos. Salió temprano para recoger a su suegra, ya que esperaban el nacimiento en dos semanas. "¿Cómo pasó esto?"

Puse mi mano sobre la cabeza de la niña y le dije:

– Que Dios te guarde siempre como un ser de luz, usa tu intuición para el bien. Quédense con Dios, hijos.

Me volví hacia André y le dije:

–¿Intentamos ir a la playa?

- Vamos a intentarlo. Hoy ya hemos hecho cosas que no estaban en nuestro programa.

- ¿Y desde cuándo los espíritus hacen programas, André? - Respondí en tono de broma.

- Es una forma de hablar. ¡Y todavía soy un espíritu temeroso! ¿Quieres saber algo? Hoy temblé de miedo al entrar en aquella choza; nunca fui partera. ¿Cómo podría ayudar a alguien a nacer si nos interpusimos en ayudar a un muerto?

- ¡Ahí tienes, André! ¡Hoy logramos, con dificultad, y muy cierto, liberar a uno que falleció y rescatar a otro que llegó! ¡Y todo salió bien!

Nos marchamos tranquilamente. Nos quedamos en la misma roca donde se hospedaba el maestro Pedro. El anhelo me golpeó con fuerza en el pecho y comencé a llorar.

André se sentó a mi lado y, tocándome el hombro, dijo:

- José, amigo mío, hemos enfrentado tantos obstáculos juntos, he aprendido muchas cosas de ti, me siento seguro y confiado a tu lado, pero en este momento no sé qué decirte. Quizás no fui un buen compañero. Pues, lo siento. Nunca me detuve a pensar que tú también tienes tus sentimientos.

Continué en silencio. Las lágrimas brotaron de mis ojos y un dolor inmenso invadió mi alma.

- ¿Puedo ayudarle con algo? - Preguntó André preocupado.

- ¡André, has sido un gran compañero! Pido disculpas por las molestias que he causado. Mis lágrimas amigo son de nostalgia, mucha nostalgia. En esta misma roca, hace mucho tiempo, estuve aquí perdido, solo y sin amigos. Fue exactamente aquí donde conocí al maestro Pedro, el amigo del que tanto te hablé. Junto a él, sentado en esta roca, encontré también a mi hijo. Fue aquí donde aprendí muchas cosas importantes que me ayudaron a sobrevivir en la Tierra como un espíritu en una misión de paz. No puedo decirte por qué, pero hoy siento una inmensa tristeza y sé que no puedo hacer vibrar estas energías en mí mismo. Necesitamos trabajar con paciencia, tener confianza en Dios y no entrar en depresión espiritual, pero hoy es difícil...

– Oremos – dijo André, estrechándome la mano –. Estos problemas de hoy nos han afectado a los dos, oremos.

Y comenzó:

– Padre nuestro, Tú que estás en el cielo, en la tierra, en el aire que respiramos, en estas aguas del mar, en las montañas y en los bosques.

Tú que sustentas la materia y el espíritu del hombre, ten compasión de estos hijos tuyos pecadores. Maestro Jesús, ayúdanos a través de los espíritus de luz y bondad, ya que aun somos espíritus necesitados... Apoya a este hermano mío, Señor Jesús, no permitas que se desanime en su camino, necesitamos continuar con nuestro camino.

Rezamos el Padre Nuestro y sentí un gran alivio en mi corazón. Miré a André y me di cuenta de lo amable que era ese joven, a pesar de ser juguetón y enojarse por nada, obligándome muchas veces a tener cuidado de no ofenderlo. Había algo muy precioso en él: bondad, amor y solidaridad. Mientras le agradecía, vi la inmensa luz que lo rodeaba. Lo abracé con mucha emoción.

– Muchas gracias André, eres un verdadero hijo.

Se le llenaron los ojos de lágrimas y respondió:

– Gracias, José. He sido bendecido por Dios para vivir a tu lado. Aprendí a amarte como si fueras mi verdadero padre.

Fue entonces cuando vi el barco que llevaba a mi hijo. Las olas del mar estaban en calma. Sentí una opresión en mi corazón, porque las cosas no iban bien en la casa de Jonás. Su esposa estaba muy enferma y eso también me preocupaba. ¡Ella era nuestra María!

–¿Vamos a la reunión de pescadores? – Invité a André.

Pronto estábamos sentados entre ellos. Miré a mi hijo, que temblaba de frío. Un colega le ofreció una botella de coñac y él le agradeció diciendo:

- ¡Realmente necesito llegar a casa, darme una ducha caliente, ponerme ropa seca, tomar un poco de sopa e ir a cumplir mi misión! No puedo dejar esto por nada en este mundo, porque ya me acerco a la meta de la casa del Padre y quiero honrar mis compromisos aquí hasta el final. Solo hay una cosa que le pido a Dios todos los días: no morir sin abrazar a mi padre espiritual, Pedro – dijo suavemente.

Me acerqué a él, lo abracé y le dije:

- ¡Jonás, hijo mío, estoy orgulloso de ti! Yo tampoco, hijo, no puedo tener paz hasta que vuelva a encontrarme con el maestro Pedro.

Él, en silencio, contemplaba las claras aguas del mar. Podría leer sus pensamientos. Se dijo a sí mismo:

- ¡Extraño muchísimo a mi padre! Ni siquiera llegué a conocerlo, pero lo extraño...

- ¡Sin hijos! – Grité –. Tú me conoces, sí, siempre estoy cerca de ti. ¡Estoy aquí, hijo!

Vi sus ojos llenos de lágrimas. Se las secó en la manga, pensando en su padre carnal.

Miré a mi hijo, que parecía muy cansado. El pelo blanco y ralo, el rostro arrugado. No se parecía en nada a aquel joven que encontré en el mar, incorporando al maestro Pedro. Dios, cuánto tiempo había pasado ya... Los Espíritus no miden el tiempo, pero notan sus consecuencias en la materia. No había cambiado en nada, mi cuerpo espiritual seguía teniendo la misma apariencia juvenil que adquirí.

Ayudamos a los pescadores a tirar del bote y luego cada uno se fue a casa. Le pedí a André que me acompañara. Fuimos a la casa de Jonás. Su esposa había empeorado y no respondía al medicamento. Jonás la miró en silencio, oró a Dios y pidió teléfonos para todos.

Mis nietas estaban cuidando a su madre, Jonás se duchó y, a pedido de sus hijas que estaban poniendo la mesa, se fue a cenar. André y yo le aplicamos un pase a María, quien empezó a respirar mejor. Estaba pálida, delgada, en sustancia no se parecía en nada al espíritu luminoso que era.

Sentado a la mesa, tomando su sopa, Jonás escuchaba a sus hijas hablando de la mejora de su madre. Dio gracias a Dios. Comía más por necesidad que por placer. Apenas terminó, informó a sus hijas que se dirigía al Centro Espírita. La hija menor preguntó:

– Papá, por amor de Dios, ten cuidado. Nos preocupa saber que estás solo por la noche.

– Hija, no voy solo. ¡Voy y vengo con Dios y con ellos!

– Así es, hijo – respondí.

– ¿Acompañamos a Jonás al Centro? – Le pregunté a André.

Le gustó mi sugerencia. La noche estaba hermosa, el cielo lleno de estrellas y una agradable brisa envolvía la Tierra. Estábamos cerca del Centro Espírita cuando sonó nuestro teléfono; era nuestro superior quien solicitaba urgentemente nuestra presencia.

Abracé a mi hijo y le deseé un feliz trabajo, ya que lamentablemente no pudimos acompañarlo. Nuestro instructor nos envió a ayudar a rescatar a las víctimas de un gran terremoto. Fue triste y doloroso ver a tantos niños enterrados, con sus cuerpos cubiertos de sangre, pero muchos salieron vivos de los escombros.

Se nos asignó la tarea de ayudar a los equipos de ayuda espiritual y a los hermanos trabajadores encarnados a sacar a los vivos. También era necesario cortar el cordón de plata de quienes habían desencarnado, encaminándolos al tratamiento adecuado.

Después de terminar nuestro trabajo en la Tierra, nos dirigimos a la corteza terrestre para ayudar a reconocer a algunos hermanos de la tragedia, como habían entrado en pánico, no recordaban dónde estaban, vinieron o fueron. Cuando terminamos nuestras tareas y regresamos a la Tierra, busqué a mi hijo Jonás. Lo encontré en el cementerio en silencio, mirando la tumba de su esposa con gran tristeza, llorando.

Lo abracé y lloré también. Entonces María viajó, se liberó de su peso físico. Le pediría permiso a mi superior para tener noticias suyas. Animé a Jonás a regresar a casa diciéndole mentalmente:

–¡Jonás, hijo mío, vámonos a casa! Tu madre está bien, estoy seguro, va a descansar...

Después de la muerte de su esposa, Jonás ya no fue a sacar las redes al mar. No quería hablar con nadie, comía y se quedaba en la cama. Hacía seis meses que no iba al Centro Espírita. Los hermanos que trabajaron con él siempre venían a visitarlo allí. Quisieron llevarlo en auto, pero él se negó, alegando que estaba cansado.

En el fondo, Jonás estaba muy triste. Se dijo a sí mismo que había perdido a todos los que amaba. Perdió a su esposa, a su padre, a quien nunca conoció, a su mentor espiritual, a quien amaba tanto. Pensó que lo había abandonado, porque nunca regresó. En ese momento solo quería esperar la muerte. Fui al oído de mi hijo y le dije:

– ¡Jonás, te equivocas, hijo! No puedes pensar así.

Tu mentor está trabajando por nosotros. Él no nos abandonó. Estás intentando suicidarte, eso no está bien, hijo mío. Levántate de esa cama, caminemos un poco. ¿Vamos al mar? ¿Nos vamos a sentar en esa roca a esperar el barco que trae a tus compañeros? ¿Alguna vez has pensado, Jonás, la alegría que sentirán cuando te vean?

Se sentó en la cama, se calzó las sandalias y se acercó a la ventana. Miró al cielo, que era azul, se vistió rápidamente y decidió salir.

La hija estaba feliz de verlo, pero al mismo tiempo preocupada.

– Papá, ¿vas a salir? – Preguntó acercándose –. Esperaré el barco. No te preocupes, todo está bien, volveré pronto.

– Así es, hijo, ¡caminemos!

Salimos uno al lado del otro, lo saludaron los vecinos.

Todos estaban felices de verlo.

Al llegar a la playa le dije:

–¿Nos sentamos ahí, en esa roca? ¿Cuántas veces te has sentado en ella?

Pensó: "Qué curioso, he vivido aquí toda mi vida y nunca me he sentado en esa roca... Voy a sentarme allí y esperar a que llegue el barco."

Me senté a su lado y le dije al oído:

– Hijo, en esta roca encontré a nuestro maestro Pedro y a ti. Este lugar es sagrado para nosotros. Estoy muy feliz que me hayas escuchado y hayas venido aquí. Eres médium, hijo, médium nato. ¡Volvamos a esa Casa donde siempre fuiste tan bien recibido!

Él, mirando las olas del mar golpeando las rocas, decidió que al día siguiente haría una visita al Centro Espírita para agradecerles todo el cuidado y cariño que le habían estado mostrando.

Cuando el barco atracó, el corazón del viejo pescador latía con fuerza. Extrañaba su llegada a la playa, se imaginaba junto a sus compañeros. "¡Oh! ¡Mañana vuelvo al mar! No me voy a sentar a esperar que llegue la muerte. ¡Siempre que quiera llevarme, me encontrará dondequiera que esté!"

Se quitó las sandalias y se dirigió a la orilla del mar. Sus compañeros montaron una fiesta cuando lo vieron.

– Mañana estaré aquí a las cinco en punto esperándolos para sacar las redes – dijo Jonás.

Uno de los amigos pescadores que lo abrazaban respondió:

– ¡Éste es el viejo Jonás! ¡Oh guerrero del mar! Realmente te extrañamos, Jonás. Estamos acostumbrados a ti. ¿Y qué pasa entonces con la falta de tus historias? ¡Dudo que nazca otro pescador que diga tantas mentiras como tú! – y fue solo risa.

Ese día mi hijo volvió tranquilo a casa, cenó bien y le dijo a su hija que se iba de nuevo al mar.

– Pero papá, ya no es necesario que hagas fuerza. No queremos que lo hagas; ¡matarte trabajando! Queremos verte bien, ¡pero sin matarte de trabajo! Ya no necesitas esto.

– ¿Y quién se va a matar trabajando? – Respondió –. Me voy al mar a divertirme. Pasé más tiempo de mi vida en un barco, en alta mar, que dentro de una casa, en tierra. Me muero por ir a nadar. ¡Oh! Por la noche tengo intención de ir al Centro Espírita, ¿quieres ir conmigo, hija?

– ¿De verdad vas, papá? – Preguntó la chica con los ojos muy abiertos por la sorpresa.

– Sí, hija. Y no voy por necesidad, ¡no! Realmente voy por agradecimiento y nostalgia; Extraño mucho a todos.

– Iré contigo, papá. Te extraño y también extraño el trabajo espiritual. Después que mamá se fue, hoy es la primera vez que realmente siento alegría en mi corazón. Primero, verte de tan buen humor y, segundo, porque sé que eso es lo único que ella quiere: ver a nuestra familia en paz.

Dejé a los dos hablando animadamente y fui a encontrarme con André. Estaba con otros dos hermanos esperándome afuera. Después de saludarlos, uno de ellos me entregó una carta, diciendo que nuestro superior la envió.

La abrí rápidamente y decía: *"José, gracias a Dios todo salió muy bien. Mientras hacías un gran trabajo espiritual, atendimos a Raquel. Conforme a lo acordado, mañana a las 15 horas irá a la notaría a firmar el libro con su nombre de casada. ¡Ojalá pudieras lucir el papel y tomar el papel del padre!"*

¡Dios mío! ¡Raquel se iba a casar! Me quedé sin acción. Si en ese momento apareciera el maestro Pedro, ¿qué le diría? No sabía nada sobre la persona con la que se casaría. Pero, de todos modos, necesitaba darme prisa. Le haría una visita esa misma noche.

Encontré a Raquel más hermosa que nunca. Estaba haciendo las maletas, ya que se iba de luna de miel con su marido a Europa.

Lucía estaba con ella, ayudándola a empacar sus pertenencias personales.

– Raquel – dijo Lucía – dejaremos fuera toda la ropa que te faltará. ¿Usaré esto para ir al centro? – Preguntó, señalando un vestido ligero y muy bonito.

– Sí, ese fue el vestido que elegí. Anderson y yo vamos a vestirnos del mismo color, sugirió.

– Bien, hija, allí te espero. No llegues tarde, por favor. Sabes que los trabajos espirituales son puntuales y que no se permiten demoras – Y añadió –. ¡Ah! ¡No olvides tus alianzas, por favor!

– Mamá – dijo Raquel – ¿cómo vamos a olvidar si ya los tenemos en los dedos de la mano izquierda? ¿Olvidaste que iremos a la oficina de registro a las 3 de la tarde?

– Tienes razón hija, ¡creo que estoy más nerviosa que tú!

Entonces Raquel también recibiría una bendición en el Centro... Me alegré con la noticia. Salí de la habitación, dejándolas a las dos discutiendo qué debería llevar Raquel al viaje.

Recibimos un llamado para ayudar en un hospital público, ya que necesitábamos cubrir los turnos de dos trabajadores que debían salir para realizar otras labores misioneras. Al llegar allí fuimos recibidos por el coordinador espiritual, quien nos llevó a las salas de consulta. En la última sala estaba siendo atendida una anciana con problemas respiratorios. El médico que me atendió fue muy amable. Le pidió a la enfermera que le administrara inmediatamente una inhalación, mientras ella tomaba una vía intravenosa con la medicación adecuada.

Inmediatamente me gustó el doctor, ya que fue atento y servicial con todos sus pacientes. Se quitó la bata de laboratorio, empacó su botiquín de primeros auxilios y comenzó a despedirse de sus compañeros de trabajo.

El médico jefe dijo en tono de broma:

–¿Anderson? ¿Estás seguro que puedes casarte hoy? ¡Qué bueno que Raquel también sea doctora, sino tendrías problemas!

Pasaste toda la noche trabajando. Cuando te acuestes en la cama, ¡vete a dormir! – Y lo abrazó deseándole felicidad.

¿Sería posible? ¿Ese era el prometido de Raquel? ¡Gracias a Dios! Era un chico maravilloso.

Salimos del hospital y caminamos por la avenida, conversando, observando el ajetreo diario de los encarnados. En la tarde estaba esperando a Raquel frente al registro civil. Vi llegar al médico, acompañado de familiares y amigos.

No pasó mucho tiempo para ver llegar a Raquel con Lucía, su marido y algunos amigos.

Entramos. Asistí a la boda junto a Raquel y las abracé a ambas deseándoles felicidad. Lloré emocionado, deseando que el maestro Pedro estuviera ahí, en ese día tan especial en su vida.

Fui a la playa. Me senté en nuestra piedra sagrada, reflexionando sobre mi vida. Tenía muchas ganas de venir a la Tierra y ver lo que había dejado atrás. Ahora estaba allí trabajando y viendo que, poco a poco, los míos iban saliendo de la Tierra y regresando a casa. ¿Y yo? ¿Qué haría después que todos se fueran? ¡Me gustaría tanto volver a verlos que empezaría a preguntarme qué haría con ellos! Todos pronto regresarían a casa. Me quedé allí reflexionando, hasta que vi el barco de los pescadores. Corrí a la orilla del mar y les ayudé a sacar el barco. Jonás estaba emocionado. Los amigos se rieron y uno de ellos dijo:

– ¡Jonás, esa mentira de pescador que dijiste hoy es la más grande de todas! ¿Dónde has visto un pez que alcanzó para comer a más de tres mil personas y lo que quedó fue suficiente para alimentar a más de mil? ¡Si pescamos un pez de lo contrario ya no necesitaríamos volver al mar! Bueno, ¡pero la persona que cuenta esta historia es Jonás! ¡El hombre que fue tragado por una ballena y volvió para contarnos su aventura! – Y todos se rieron como niños.

Después de empacar todas sus pertenencias, se despidieron y cada uno siguió su propio camino. André, que estaba a mi lado, me preguntó:

–¿Acompañamos a Jonás?

– André, creo que es mejor si vamos y ayudamos a quien lo necesite. Quedémonos con Jonás en la entrada del Centro, ¿no sería mejor?

–Tienes razón – respondió.

En las calles ayudamos a personas distraídas que caminaban entre autos, tristes, heridas o perdidas. Ya eran las 6:40 pm cuando André me recordó que debíamos ir al Centro Espírita. Salimos a toda prisa.

A medida que nos acercábamos al bloque, vimos una fila interminable. Acercándonos, vimos que se trataba de espíritus recién liberados, que aun mantenían su apariencia humana. André se detuvo y habló en voz alta:

– ¿Qué es esto? ¿Estás entendiendo algo?

– ¡No, no tengo la menor idea! Precisamente hoy, que es el regreso de Jonás a casa para asumir nuevamente su papel de trabajo, y también el matrimonio de Raquel. ¡La verdad es que no sé qué hacen aquí estos hermanos peregrinos! Esperemos a Jonás y Raquel y luego entraremos con ellos.

Había tantos espíritus heridos, flacos, deformes, que nos daba tristeza verlos. Pero estaba realmente preocupado por Jonás y Raquel. Mientras observábamos la multitud de espíritus entrar a la casa, me pregunté: "¿Habrá espacio para tantos? ¡Es todo un ejército!" ¡Nos quedamos del otro lado de la calle mirando, sin entender nada!

Cuatro jóvenes bromeaban. Estaban pelando naranjas y tirando la cáscara a un árbol. Hacían apuestas, jugaban: si la corteza colgaba del árbol, era la victoria; si caía al suelo, perdía. De repente, uno de los jóvenes lanzó un proyectil que me dio en la cara. Los amigos empezaron a reír. Uno de ellos, mirando en mi dirección, dijo:

– ¡Si no fuera por esa basura del medio lo habría acertado!

Ya estaba nervioso pensando en que Raquel y Jonás no llegarían, y ese ejército de mendigos viniendo de Dios sabe dónde podría trastocar los acontecimientos. En ese momento esas palabras me inflamaron. Además que me golpearon en la cara, ¡también me llamó basura! "¡Le voy a dar una lección a este chico! Necesita aprender a respetar a las personas" – pensé enojado.

Cuando fui a su encuentro, dispuesto a corregirlo, escuché una voz familiar detrás de mí:

– ¿José? ¡No puedo creer lo que estoy viendo y escuchando! ¡La basura que el tipo mencionó fue la línea de un cometa! ¡Mira ahí delante de ti! ¡Él no te ofendió, incluso porque ni siquiera te ve!

Me detuve donde estaba. Alguien continuó diciendo:

– ¡Además, nunca había oído hablar de una cáscara de naranja que dañara el cuerpo espiritual de un espíritu con tanta luz! Tenía miedo de darme vuelta, esa voz era del maestro Pedro...

– ¡Puedes darte la vuelta, José! ¿A qué le temes?

Se paró frente a mí, con los brazos abiertos. Abracé al maestro Pedro llorando. La emoción era demasiado grande. Noté que estaba más brillante que antes, parecía flotar.

– Maestro, ¿eres tú? – Pregunté, todavía confundido. Fue tan lindo verlo de nuevo, se sintió como un sueño.

– ¿Te pasó algo en los ojos o tanto he cambiado? No me toques, ¿me crees? – respondió riendo.

"¡En un día tan importante para nuestros hijos, regresas!" – pensé llorando de alegría.

Nerviosamente recordé a André:

– ¡André, ven aquí, hijo! ¡Este es el maestro Pedro! – André tembló al mirar al maestro Pedro. Estaba tan emocionado como yo.

– Bueno, ¿ocupamos nuestro lugar? – Nos invitó el maestro Pedro colocando sus brazos sobre nuestros hombros.

Yo, todavía temblando, respondí:

– Maestro, estábamos esperando que entraran con ellos dos personas importantes.

El maestro, mirándome, respondió:

–¿Solo vas a entrar por estas dos personas?

– ¡No señor! – Respondí dudando sobre mis palabras.

– Así que entremos y ayudemos en lo que sea necesario. Esperemos a todos dentro. Cuando entramos, hubo muchos abrazos y felicitaciones por parte de los trabajadores de la casa dando la bienvenida al maestro.

Se abrió la sesión, mi hijo Jonás estaba sentado en una silla cerca de la mesa, entre otras personas. También estaban cerca Lucía, Raquel y su marido, cogidos de la mano. El maestro Pedro envolvió suavemente a mi hijo en una nube de luz, mezclándose con él de tal manera que era imposible separar uno del otro. Cada una de sus palabras tocaba los corazones de las personas como un bálsamo para una herida. Bendijo los anillos, abrazó a Raquel y a su marido, abrazó uno por uno.

Fueron momentos de gran emoción. Mi hijo Jonás lloró como un niño que recibe un hermoso regalo en Nochebuena.

Al finalizar la sesión, los trabajadores encarnados se marcharon, dejando a los maestros y voluntarios. El maestro Pedro pidió la atención de todos y presentó a un joven, diciendo:

– Mis queridos hermanos, quiero presentarles a nuestro ilustre hermano Eduardo y su ejército de servidores.

Todos los aplaudieron deseándoles éxito en su misión. Eduardo, un joven de radiante belleza, tenía rasgos orientales. Agradeció a todos:

– Mis queridos hermanos, no tengo palabras para expresar la alegría y el agradecimiento que tengo por Dios, por Pedro y por todos ustedes. Pasé años luchando junto a estos hermanos por caminos oscuros y tortuosos, guiados por la ignorancia y el egoísmo. Me sumergí en un mar de sufrimiento, arrastrando conmigo a muchos hermanos. Fue la bondad de Dios y la misericordia de hermanos como Pedro lo que me hicieron ver el barro que cubría mi alma. Perdónenme por sacar de su vida un alma pura y generosa como Pedro. Le causé muchos problemas y molestias. ¡Luché para apagar su luz, porque, ciego, no tenía idea que la luz de Dios nunca se apagará! Estamos aquí para mostrarles a todos que el bien siempre vence al mal. ¡Hemos sido sanados de nuestra ceguera espiritual! Todavía necesitamos recuperarnos de muchas enfermedades espirituales, pero tenemos confianza en Dios. Estamos de paso por aquí, porque vamos a ingresar a las escuelas espirituales y prepararnos para trabajar junto a ustedes, sirviendo a nuestro Creador.

Ese fue un momento de gran emoción: acción y reflexión.

Después de la presentación del hermano Eduardo, el maestro Pedro me llamó y me preguntó:

– José, ¿puedes ayudarnos?

– ¡Por supuesto, maestro! Con mucho gusto.

– Ayudemos a transportar a estos hermanos nuestros. Ya han llegado varios equipos de socorro que se propusieron colaborar con nosotros. Acomodaremos a todos de manera segura.

¡Yo estaba tan feliz! Trabajé y al mismo tiempo recordé las maravillas de los últimos tiempos: María regresó a casa; Raquel estaba casada y apoyada; Jonás estaba bajo la protección de Dios y del maestro Pedro; mis padres, hijos y nietos se estaban reestructurando espiritualmente ¡el maestro Pedro estaba de regreso entre nosotros! Eso era todo lo que más deseaba.

¡Amaneció el día y nuestro trabajo estaba hecho! El maestro Pedro se acercó a mí y me dijo en voz baja:

– André acompañó a nuestro hermano Eduardo a la Colonia, donde deberá presentarse. Tengo muchas ganas de ir a la playa y sentir el frescor de sus aguas. Hoy es nuestro día libre, ¿verdad?

– Sí, tienes razón.

– ¿Caminamos entre la multitud? ¡No tenemos prisa, ya que no cansamos nuestro cuerpo espiritual! ¡Oye, vámonos!

– Estoy completamente de acuerdo contigo – respondí.

Fuimos a la orilla del mar. Los pescadores salieron con sus barcas y escuchamos a un joven pescador que gritaba:

– ¿Jonás? ¡Hasta pronto, hombre de Dios! ¡Vamos a conseguir pescado fresco, no frito al Sol!

- ¡Chico fácil! ¡Qué marinero no puede preocuparse por el tiempo!

-Bueno, señor Jonás, necesito aprender de usted los trucos del mar...- respondió el niño.

El maestro Pedro se limitó a mirar a los pescadores sin decir nada. Los primeros rayos de Sol formaron una corona rosada que parecía salir de las aguas del mar ¡Un espectáculo divino!

El maestro Pedro, tocándome el brazo, preguntó:

- José, ¿has visitado nuestra cabaña?

- No señor. Durante tu ausencia no volví ni una sola vez - respondí.

- Creo que todavía puedo disfrutar del confort de esa cabaña; ¿qué tal si vamos allí? - Dijo el maestro Pedro.

Salimos y subimos a la montaña. El aroma de las plantas cubiertas de rocío nocturno llenó nuestros pulmones. En la cabina, me propuse purificarla. Le pregunté al maestro Pedro:

- ¿Quieres un café y pan?

- ¡Acepto, por supuesto! Me encanta el café y el pan - respondió. Nos sentamos uno frente al otro. Fue el maestro Pedro quien empezó a hablar:

- José, te estarás preguntando de dónde salió toda esa gente, y en especial Eduardo, ¿no?

- Bueno, maestro, no puedo negar que tengo curiosidad - respondí.

- Antes de hablar de ellos, quiero hablar de nuestra última conversación en la Colonia, ¿recuerdas?

- Sí, me acuerdo.

-Hablamos de ganancias y pérdidas, ¿no? ¡Ganamos, José! ¡Ganamos la batalla! Me llevó más tiempo del que imaginaba, pero todo nuestro esfuerzo se vio recompensado. Ustedes que compartieron conmigo este esfuerzo de rescate son ganadores y merecedores de muchos bonos espirituales.

Pasamos horas y horas hablando. El maestro Pedro me dijo que, antes de venir al Centro Espírita, había visitado nuestra Colonia y que nuestro mentor le había encargado de entregarme un mensaje. Angustiado, abrí el sobre, vi la noticia que había en la carta. Debía presentarme en la Colonia Sagrado Corazón de Jesús para tratar un asunto de mi interés. Mi corazón se desgarró: "Señor Dios, se habría vencido mi tiempo espiritual, ¿necesitaría reencarnar? ¿Sería eso?" Me quedé sin palabras.

Al notar mi desorientación, el maestro Pedro añadió:

–¡Te acompaño a la Colonia José! ¡Aun no termino de contarte lo de Eduardo! ¿No quieres saber?

– Claro que quiero, señor – respondí.

– Mi historia con Eduardo empezó hace muchas vidas. ¡Yo, un simple servidor, me enamoré de la hija del temido dragón chino! Fui arrestado y torturado personalmente por él y finalmente ordenó que me mataran. La hija, sabiendo lo que me hizo, se rebeló y empezó a odiarlo. En otro pasaje, ¡era un campesino que sacrificó a sus dos hijas a escondidas porque quería un hijo! Su esposa volvió a quedar embarazada y nació otra niña, pero esa vez tuvo una idea mejor: ¡la niña sería vendida! ¡Entonces encontró un comprador para su hija! Entregaría a la niña, educada en las costumbres chinas, tan pronto como ocurriera su primera menstruación. Su dueño era hijo de otro campesino. El padre del niño iba todas las semanas para comprobar si realmente había hecho una buena compra para su hijo. La chica creció, hermosa como una flor de loto. Fue en ese momento que nos encontramos a la orilla de un lago, donde ella estaba lavando ropa.

Secuestré a la hija del campesino. Huimos a otro país, nunca más supimos de él. Solo en el mundo espiritual supe que tuvo que entregar su tierra con todo lo que había sembrado, y que su esposa fue entregada como esclava para compensar las pérdidas de la familia engañada. Fue acusado de robo y condenado por no cuidar bien la mercancía humana, ya que le habían pagado por ello. Desencarnó odiando a su hija, entrando en el bajo astral odiándola y dispuesto a encontrarla, así como a su secuestrador. ¡Su odio aumentó cuando descubrió que el secuestrador y causante de tanto sufrimiento en su vida era yo! Como una bestia herida, abrió una guerra espiritual contra ambos.

Y el maestro Pedro continuó su relato:

– Regresamos varias veces, siempre en duelo. Con cada encarnación volvimos al plano espiritual más heridos y endeudados. Pero, en una de nuestras encarnaciones, regresamos uno al lado del otro como hermanos gemelos. ¡Fue un desastre espiritual! Nuestro propósito era acercarnos a Raquel, quien se casaría con él, y yo a su madre. Y así viviríamos juntos en armonía, adaptándonos como familia. Conocimos a Raquel en un baile de debutantes, pero ambos nos enamoramos de ella y entonces se armó nuestro infierno. ¡Obedeciendo el guion espiritual, Raquel eligió a mi hermano, no a mí! Entré en paranoia, me sentí traicionado por ambos. Empecé a hacer planes para matarlo. Lo intenté varias veces sin éxito. En una cacería me escondí y le disparé; apunté al corazón y disparé con gran entusiasmo. Pero llevaba una medalla que le había regalado Raquel y la bala apenas le rozó. En uno de nuestros viajes familiares, puse aceite de ricino en sus dulces. Siguió vomitando y teniendo diarrea, lo que lo mantuvo en casa. Por la noche, mientras nuestra familia había salido a una fiesta, regresé y le prendí fuego a la casa con él encerrado dentro. Sin embargo, alguien logró entrar y sacarlo, aun respirando. Nada de lo que planeé funcionó; parecía que tenía una protección diabólica: yo sabía una cosa: ¡no se casaría con ella! Raquel tenía una hermana que intentó acercarse a mí, ¡pero yo no quería tener nada que ver con ella! Estaba obsesionado con Raquel. ¡Era a ella a quien quería, y no a su hermana, que era físicamente más bella que ella! Los dos arreglaron la boda, en ese momento yo estaba sirviendo en el Ejército como capitán, prácticamente no me presentaba por casa. Me desperté y pasé cada hora de mi día conectado con mi hermano: ¡planeando cómo matarlo! Odiaba a esa criatura más que a nada en mi vida. Me dejé crecer el pelo y la barba para no mirarme y recordarlo, ya que éramos físicamente idénticos.

Así, el maestro prosiguió:

– Era Nochevieja y me fui a casa. Mi madre se desvivió por complacerme y allí estaban juntos, intercambiando miradas amorosas, mi hermano y Raquel. Empecé a beber y pronto compartí la copa con Sara, quien, ya borracha, confesó estar enamorada de mi hermano. Me dijo que los dos pasaron momentos inolvidables, pero le dijo que amaba mucho a Raquel.

Sin embargo, si ella aceptaba ser su amante, él mantendría su relación en secreto. ¡El odio invadió mi alma!, el sinvergüenza quería tener atadas a las dos mujeres. ¿Cómo podría amar a Raquel si compartiera su amor con otra persona? Quería gritarles a todos, pero algo me detuvo la voz. Pasé la noche riendo y bebiendo mientras ideaba un plan. Bailé con Sara toda la noche y me di cuenta que mi hermano lo padecía. Mientras me divertía con Sara pensé: "Quién sabe, ¿no sería Sara el canal que me llevaría hasta Raquel?" Conociendo su secreto, concertaría un encuentro entre ellos y llevaría a Raquel a ver por sí misma quién era su prometido. Así lo hice. Faltaban dos semanas para la boda. Fingiendo que estaba satisfecho, me acerqué a Raquel y a su hermana. Los incentivé y facilité el encuentro entre los dos; mi hermano no sospechaba que yo conocía su gran secreto. Le pedí a Sara que no le dijese que yo lo sabía porque no se sentiría bien. En una hermosa y soleada tarde, mientras Sara lo esperaba en una de las casas de los agricultores de la finca de nuestro padre, fingí estar feliz por su matrimonio e invité a Raquel a ver su regalo de bodas. Ella confió en mí, miró mi uniforme con respeto. Sugerí que nos bajáramos de los caballos y camináramos hasta la casa de los colonos. Entramos a la casa en silencio. Sabía en qué habitación estaban. Dejé todo listo, abrí la puerta con cuidado y ¡allí estaban! Fue un escándalo en nuestra familia: Sara fue desheredada, Raquel entró en depresión, nuestras familias entraron en guerra.

Mi hermano fue asesinado en una emboscada. ¡Hubo momentos en mi vida en los que me arrepentí de haber hecho lo que hice! No me quedé con Raquel, porque ya no podía verla ni siquiera de lejos. Además, lancé a los caminos de la vida a otra persona, su hermana Sara. ¿Y mi hermano gemelo? No sentí pena por él ni tuve remordimiento por lo que hice, porque merecía la muerte que tuvo.

Sin que yo lo interrumpiera, el maestro Pedro continuó diciendo:

– Después de este paso entre nosotros, ya no vi a Raquel en el plano espiritual. La última noticia que supe de ella fue que estaba internada en un hospital espiritual por enfermedades mentales. Eduardo y yo volvimos sin Raquel, nos encontramos como dos generales. Nuestro propósito era proclamar la paz. Pero ambos hicimos lo contrario: creamos una gran guerra que involucra al mundo, a las naciones. Yo luché por un lado y él por el otro. ¡Nuestro mayor propósito era el odio que sentíamos el uno por el otro! Nos hicimos de muchos enemigos espirituales, ya que los que él destruyó se pasaron a mi lado, y viceversa. Volvimos muchas más veces. Sin Raquel, yo me tranquilicé, ¡pero él no! En cuanto descubrió que yo me había reajustado buscando a Raquel, se comprometió a buscarla para vengarse de mí. Terminé perdiéndolo. Pasé años tratando de encontrarla en medio de los escombros de mi alma. Fue a través de los ojos de Eduardo que la encontré de nuevo y, para equilibrarme como espíritu, necesitaba rescatar a su padre y a todos los que había empujado hacia abajo. Para llegar a Eduardo, necesitaba convencer a cada uno de esos hermanos a volverse hacia la luz. No fue arrestando a sus seguidores que cerré su organización, sino usando el arma más grande que recibí de Dios: el amor y la paciencia.

Pedro pasó a hablar del ejército de Eduardo:

– En una de las zonas más temidas del Umbral se encontraba el cuartel general del ejército comandado por Eduardo. Espíritus inteligentes que conocen los caminos del sufrimiento expandieron los caminos desde el Umbral a la Tierra, haciendo el mal y repartiendo dolor entre muchos hermanos necesitados de luz, como el que fue el padre biológico de Raquel ¡Ya conoces el resto de la historia!

A través de ti encontré a Raquel, y a través de ella fue fácil llegar a Eduardo. ¡Creo que esta vez logramos unir nuestro ejército y proclamar la paz! Él se presentará mañana en la Colonia y yo quiero estar presente, ya que compartiremos bonificaciones y pérdidas. Tú,

José, que siempre has estado entre nosotros, fuiste un instrumento muy importante en la reconstrucción de nuestras vidas.

¡Escuché todo en silencio y quedé asombrado! ¿Pelearon todo este tiempo por amor? Entonces todo lo que había ido aprendiendo era cierto: ¡el amor siempre gana! El maestro Pedro ganó la guerra espiritual usando su amor.

– ¿Todavía crees que soy un espíritu iluminado, José? – Me preguntó el maestro Pedro.

– ¡Sí, lo creo, porque en este momento tu corazón irradia mucha luz, y solo un espíritu iluminado es capaz de hacer lo que tú hiciste! Me siento orgulloso y honrado de tenerte como maestro.

– Gracias José por tu amistad y compañerismo. ¿Nos despedimos de la pareja antes que se vayan de viaje de luna de miel? – Dijo poniéndose de pie, emocionado.

– Sí, vamos – respondí.

Raquel y su marido viajarían al extranjero. El maestro Pedro abrazó a la pareja, besó la frente de Raquel. Ella estaba muy feliz. Su marido, alegre y bonachón, mientras bebía un vaso de agua, comentó:

– Raquel, ¡el agua que bebimos en el Centro Espírita olía a ti!

– ¿A qué huelo? – Preguntó ella.

– ¡A medicamento! – Respondió corriendo para evitar recibir las cariñosas represalias de Raquel.

Pasamos por la casa de mi hijo Jonás y luego visitamos otros familiares y amigos. El Sol ya se ocultaba cuando llegamos a la orilla del mar. Los pescadores limpiaron sus barcos y empacaban sus pertenencias. Mi hijo Jonás jadeaba, parecía cansado, intentaba jugar con los demás, disimulando y ocultando lo que realmente sentía. Él se había despertado con unos dolores punzantes en el pecho, pero no le prestó atención e incluso se olvidó cuando llegó al borde del mar. No se quejó con sus amigos, quienes insistieron en que comiera algo; él se negó, dando alguna excusa.

Me preocupé por él y miré al maestro Pedro pidiendo ayuda. Con calma activó el dispositivo de llamada espiritual. Pronto vi llegar a dos enfermeros con camilla. Uno de ellos saludó al maestro Pedro y preguntó:

– ¿No necesitarás ayuda médica?

– No, joven – respondió el maestro Pedro –, gracias, pero no hace falta.

El maestro Pedro se acercó a Jonás. Puso su mano sobre el corazón de Jonás y éste cayó en los brazos del maestro. Corrí hacia ellos.

– Tranquilo, José – dijo el Maestro Pedro –. Arrodíllate, ora con toda tu fe.

Así que lo hice. Me arrodillé y supliqué ayuda a Dios y a todos los maestros divinos. Las enfermeros colocaron a Jonás en la camilla. El maestro Pedro le masajeó el pecho y suspiró. Los pescadores intentaron hacer todo lo posible con el cuerpo físico de Jonás; uno de ellos salió corriendo en busca de ayuda. Jonás abrió los ojos, ya en su nuevo cuerpo. Quería levantarse, pero el maestro Pedro le dijo tranquilamente:

–No te levantes todavía. ¡Voy a desconectar tu cuerpo físico y luego podremos caminar, volitar, hacer lo que quieras!

–¿Maestro Pedro? ¿Viniste a buscarme, padre mío?

– Mantén la calma, cierra los ojos al mundo. Cuando corte el cordón que une tu cuerpo carnal, recibirás nuevos ojos, que te conducirán a tu nuevo hogar.

Felizmente, cerró los ojos. Un rayo de luz plateada brilló intensamente, como un rayo.

– Ven – dijo el maestro Pedro extendiendo la mano.

Jonás levantándose, abrazó al maestro Pedro sonriendo y, volviéndose hacia mí, se quedó quieto mirándome un rato. Entonces me abrazó y, en tono de broma, dijo:

– Aun no sé quién eres amigo, pero aun así, ¡gracias por estar aquí!

El maestro Pedro le pidió que se acostara en la camilla. La probó y dijo que estaba bien, que podía caminar.

– Obedece o ¡te dejo aquí! – Dijo el maestro en broma. Antes de tumbarse en la camilla, Jonás preguntó:

– Maestro, ¿mi cuerpo se quedará así en la arena?

– ¿De qué manera? – Respondió el Maestro Pedro.

– ¡Ah, maestro, así, sin vida! Y mis compañeros en toda esta agonía... ¿Y mis hijos cuando lleguen aquí? Morí, ¿no, maestro?

–No te preocupes Jonás, tu cuerpo no quedará tirado en la arena, ¡no! Sus compañeros velarán por él, tu familia comprenderá tu ausencia física. Todo está bajo control. Y no moriste, pero ¿cómo estabas aquí hablándome?

El maestro Pedro hizo una señal a los dos enfermeros. Una ambulancia espiritual ya estaba descendiendo. Todos entramos y nos dirigimos a la Colonia donde se suponía que debía presentarme.

En el camino, Jonás rompió a llorar; se tocó con ambas manos y repitió:

– ¡Morí! ¡Morí! ¡Ya no voy a pescar! – El enfermero le puso una inyección que lo hizo dormir.

Llegamos a la Colonia y ya nos esperaba un equipo médico. Entre ellos encontré viejos amigos que me acogieron. Jonás se acomodó. El médico que lo examinó nos dijo que su estado era excelente y que los síntomas presentados en el viaje eran comunes a todos los espíritus. Tardaría algún tiempo en cerrarse así desde la Tierra, pero pronto estaría recuperando su memoria espiritual.

Seguí mirando a Jonás y recordando que él había reconocido a Pedro, ¡pero a mí no! El médico, escuchando mis pensamientos, respondió:

–José, la mayoría de los médiums tienen grabada en su mente la imagen de sus mentores. Una vez que desencarnan, estas imágenes no se borran, y por eso se reconoce al mentor si está presente en la desencarnación. En tu caso, puede que se despierte y te reconozca, o que tarde un poco más en reconocerte en su nuevo estado mental. Las últimas imágenes que tuvo fueron de sus compañeros, de hijos y amigos encarnados. Espiritualmente estaba vinculado a Pedro.

Dejamos a Jonás descansando y salimos, mirando el jardín, la huerta y el huerto. Sentí una opresión en mi corazón: La extrañé mucho... Trabajé allí como pasante, estudié y me preparé para la vida, luego trabajé como voluntario. Amaba esa Colonia como mi verdadero hogar espiritual. El maestro Pedro, tocándome el hombro, dijo:

- ¡Anímate hombre! Aun es temprano, ¿qué te parece buscar a nuestros superiores?

- Necesito enfrentar esta realidad hoy o mañana, ¡así que será mejor que nos vayamos de una vez!

Entramos a la secretaría y recibimos una cálida bienvenida por parte del personal que allí trabajaba:

- ¡Entremos, muchachos! ¡Qué alegría volver a ver a estos dos juntos!

Nuestros superiores nos dijeron que entráramos y fuimos recibidos con un cálido abrazo. Nos hicieron sentir a gusto.

El indio tomó un sobre y me lo entregó diciendo:

- Ábrelo, José, por favor.

Mientras temblaba al abrir la carta, todos guardaron silencio. Empecé a leer. Las lágrimas cayeron de mis ojos, mojando el papel.

Allí estaba escrito:

"En reunión solicitada por Pedro, con él presentando evidencias concretas sobre los servicios prestados por José Carlos en diversas modalidades espirituales, realizando el intercambio entre ambos planes, fue decidió por unanimidad que José Carlos comenzará a servir en los lugares que a continuación se mencionan por un período de tiempo indeterminado, quedando suspendido y archivado el proceso de reencarnación.

Estará supervisado por Pedro, quien asume la responsabilidad espiritual de su labor en todos los ámbitos."

¡Me levanté y abracé a Pedro, suspendiéndolo en el aire!

¡Descubrí que pesaba menos que una pluma, incluso con todo su porte espiritual! Luego abracé a cada mentor allí.

Les dimos las gracias y luego nos fuimos. Empecé a reír y a hablar en voz alta:

– ¡Estoy libre! ¡Soy libre!

El maestro Pedro, pasándome el brazo por los hombros, dijo:

– ¡Ten cuidado porque soy tu jefe! ¡Lo que estás haciendo es un acto de indisciplina! ¿Oye, provocar campanadas y envidias en quienes aun tienen cuentas que saldar?

Inmediatamente me callé y miré a mi alrededor. Realmente había mucha gente trabajando allí, como pasantes y voluntarios.

El maestro Pedro, con ganas de reír, dijo:

– ¿Qué tal si vas a caminar, por ejemplo, a orillas del lago para ver salir la Luna en el cielo? ¡Así que soy libre de ti! Realmente necesito visitar a Eduardo y ver cómo están las cosas aquí. Nos veremos más tarde.

– Gracias maestro Pedro ¡No eres un guía, eres un ángel! – Respondí, lleno de felicidad.

– Hablando de guías, José, mañana deberás inscribirte en un curso avanzado para aprender a lidiar con la mediumnidad, ya que comenzarás a incorporar para servir mejor a nuestros hermanos encarnados, sin utilizar las energías de otro mentor.

– ¿Yo? – Pregunté con los ojos muy abiertos.

–¿Tienes idea de lo que hace un guía en la Tierra junto a un médium? – Preguntó el Maestro Pedro.

– Sí, te he visto incorporar muchas veces, pero ¿podré hacerlo? – Dije preocupado.

– José, ve a mirar a lago, sal con la Luna llena, besa todas las flores que encuentres en los jardines y hoy no me hables más de este tema. Pero recuerda, a primera hora de la mañana, preguntarme cuándo debes iniciar tus tareas – dijo, y se fue.

Comencé a caminar hacia lago. Realmente había tantas flores nuevas, tantos parterres hermosos y fragantes que fue un placer verlos. La Luna apuntaba hacia el cielo, brillando como una bola dorada. Sus rayos iluminaron el lago.

Me fui caminando. Estaba ligero, feliz, en completa paz. Miré las aguas de lago, iluminadas por la Luz de la luna. Al pasar junto a unos árboles en flor, escuché un ruido. Por la voz, era una mujer. Me detuve donde estaba. ¡Esa era una Colonia bien estructurada espiritualmente, por tanto, todos los espíritus allí estaban conscientes de lo que hacían. Me pareció extraño que una mujer fuera a orillas del lago, a escondidas, metiéndose con un hombre!

Me detuve donde estaba, no tuve el valor de darme la vuelta, escuché unos pasos ligeros que venían hacia mí y pensé: "¡Dios mío! ¡Ayúdame! ¿Es esto una prueba de los mentores para ver si caigo en la trampa?"

Dos manos delicadas y perfumadas cubrieron mis ojos. La mujer, acercando sus labios a mi oído, habló en voz baja:

– ¡Cierra los ojos y adivina quién es!

Mi corazón estaba acelerado, mi voz no salía. "¡Dios, ayúdame!", fue lo que pedí en mis pensamientos. Aun con las manos tapándome los ojos, me susurró al oído:

– Gira muy lentamente, sin abrir los ojos. ¡Si no te gusta verme, me iré!

Me di la vuelta lentamente, cumpliendo con su pedido.

– Mantén los ojos cerrados, ábrelos solo cuando te lo pida – habló suavemente –. ¡Puedes abrir los ojos! – Dijo la mujer.

–¡Dios mío! – Grité, muerto de miedo.

Creo que, si hubiera encarnado, me habría dado un infarto y habría muerto allí mismo. Pero, como ya era espíritu, soporté la emoción: ¡era María! Hermosa, irradiaba luz y un perfume divino. La abracé, llorando. En medio de esas flores, bajo esa Luna y rodeada de tantas estrellas, ¡ella era aun más hermosa!

Nuestro reencuentro en el plano espiritual superó todas mis expectativas. A orillas del lago nos olvidamos del tiempo. Abrazados, pasamos la noche hablando. Iluminados por la luz de la Luna, abrimos nuestros corazones el uno al otro. Hablamos de nuestras luchas y logros.

Le pregunté si sabía sobre Jonás y dijo que lo había acompañado a la Colonia, donde estaba descansando y que pronto se reuniría con nosotros. Nuestra familia regresaba a casa. Le dije la noticia: iba a estudiar para continuar trabajando en la Tierra. Haría una nueva obra benéfica y mi proceso de reencarnación había sido archivado.

María sonrió y respondió:

– ¿Sabías que acompañaré al maestro Pedro y a algunos candidatos a mentores espirituales en la Tierra? Fui nominado para desempeñar este papel. ¡Seré asistente de los mentores!

Le pregunté si ella también conocía a Eduardo y ella respondió:

–Tenemos muchos Eduardos aquí. ¿Estás hablando del chino, amigo de Pedro?

– ¡Sí, ese mismo! – Respondí –. El chino, amigo del maestro Pedro, ¿lo conoces?

– ¡Claro! – respondió María –. Él se hará cargo de tus tareas, o mejor dicho, te reemplazará.

– ¿Cómo puede reemplazarme?

– Lo aclaro: ocupará tu lugar junto a André.

– ¿Me despidieron sin previo aviso? ¿Ya no voy a hacer mi trabajo?

– ¡Cálmate, José! ¿Vas a empezar con otras tareas o quieres seguir haciendo lo mismo para siempre? ¿Olvidaste que en el plano espiritual, de vez en cuando, rotamos actividades?

Me callé y admití que tenía razón.

–¿Alguna vez te han presentado al médium con el que te conectarás en tu trabajo espiritual? – Preguntó María.

– ¡No, no tengo la menor idea! Pero dime una cosa: para conectar con un médium en la Tierra, ¿cuánto tiempo necesito para realizar un curso?

– ¡Aquí vienes con esta manía por el tiempo! ¡Olvídate del tiempo, amado mío, tienes una eternidad por delante! Pero, para que te quedes tranquilo, te lo explicaré brevemente. Después de todo, no soy tu profesora, pero puedo decirte algo sobre eso porque ya hice el curso. El médium será llamado aquí. Esto sucede cuando se entrega al sueño, mientras el cuerpo carnal descansa. El espíritu se participa en la escuela y ustedes dos.

Recibirán mucha formación, ¡se prepararán para trabajar en plena armonía! Así, cuando llegue el momento de la incorporación, los dos ya se conocerán muy bien. No te preocupes, es más divertido de lo que piensas. ¡La sensación de regresar a la Tierra en un cuerpo donado por otro hermano es maravillosa! Sentirás las mismas emociones espirituales en el cuerpo carnal en el que trabajarás. Estos regalos de Dios son fantásticos.

El lucero de la mañana brillaba intensamente en el cielo y las flores que rodeaban el lago exudaban un perfume divino. No sé si tú, encarnado, puedes imaginar y comprender la refinada emoción de dos espíritus libres y conscientes en ese escenario que estimula el amor de Dios entre sus hijos. Descubrimos lo que verdaderamente sostiene la luz de las almas: la fuerza del amor.

Juntos en un pensamiento, en una irradiación de luz, nos fortalecemos espiritualmente con nuestro amor. Oímos el primer timbre llamando a los hermanos a la primera oración del día; este llamado nos hizo ponernos de pie. Salimos de la mano, entramos al salón de oración y nos encontramos con el maestro Pedro, Eduardo, André y otros amigos de nuestro equipo de trabajo. Nos saludamos con señas, manteniendo el silencio que requiere el lugar.

Cuando terminamos nuestras oraciones, nos dirigimos al gran salón donde unos hermanos estaban tomando té, café, agua, jugos, etc. El maestro Pedro, acompañado de Eduardo y André, vino a nuestro encuentro y me preguntó:

– Entonces, José, ¿cómo te sientes?

De la mano de María le respondí:

– ¡Y basta con mirarme, maestro, para saber cómo me siento!

Nos abrió diciendo:

– ¡Te voy a llevar al sector donde deberás perfeccionarte para tus nuevas tareas! Ustedes cuatro permanecerán juntos. A partir de hoy Eduardo y André compartirán la cabaña que nos sirvió de refugio durante tanto tiempo. Tú y María intercambiarán entre el plano espiritual y la Tierra, en contacto directo con Eduardo y André, José monitoreará al equipo. ¡Aquí está tu nuevo dispositivo de comunicación!

Me entregó un dispositivo sofisticado que solo los líderes de equipo están autorizados a utilizar.

– ¿Voy a utilizar este aparato, maestro Pedro? – Pregunté con los ojos muy abiertos.

– ¿Quién más se llama José aquí entre nosotros? Tenga en cuenta que el dispositivo tiene grabado tu nombre y número espiritual. ¡No serás simplemente un mentor que se incorporará a un médium de asistencia local, ya que lo vienes haciendo desde hace mucho tiempo! Ahora comandarás un equipo. La responsabilidad será grande, pero estás capacitado para ello. Sin embargo, recuerda, José: aunque liderarás un ejército, seré tu jefe, ¡y sabes que soy difícil de tratar! ¡Ten cuidado con tus actitudes, controla tus impulsos y no olvides que eres un espíritu! No me llames para preguntarme si todavía puedes ahogarte, quemarte, etc.– y, riendo, me abrazó –. Me comprometo a monitorear el tratamiento espiritual de cada uno de nuestros hermanos que enviamos a las escuelas y hospitales de la Colonia. Después de todo, ¿para qué estudié Medicina en el plano espiritual? Nos reuniremos al menos una vez por semana para intercambiar información sobre nuestras actividades y nuestros avances, pero esto no nos impide colaborar entre nosotros en cualquier emergencia que sea necesaria. Vamos porque quiero presentarles al mentor encargado de formarlos.

Tan pronto como entramos al auditorio, reconocí al respetable maestro que nos había brindado su rica conferencia. Vino a nuestro encuentro, abrazó al maestro Pedro y dijo:

– ¿Cómo le va a este héroe espiritual?

– ¡Si dices que soy un héroe espiritual, debo decir que estoy orgulloso del héroe maestro que me preparó para esto! Chicos, éste fue y sigue siendo mi mentor espiritual – dijo el maestro Pedro –. Les explico: en mis encarnaciones, él fue mi mentor en todos mis caminos, y gracias a él encontré el camino a casa. Espero que cada uno de ustedes llegue a ser tan buen pastor como él y que rescaten a las ovejas, llevándolas al redil del maestro, como él lo hace a diario.

– ¡Deja de ser tan modesto, Pedro! Si el espíritu ocupara el espacio de la misma manera que el encarnado, Dios necesitaría crear nuevos mundos para dar cabida a los ejércitos de espíritus perdidos que traen de vuelta a casa – dijo el mentor.

Eduardo levantó la mano y pidiendo permiso dijo:

– Padre, estoy de acuerdo con todo lo que escuché de ti, pero agrego: ¡Pedro no solo rescata a las ovejas descarriadas, sino también a sus pastores descarriados!

El mentor, abrazando a Eduardo, con los ojos llenos de lágrimas, dijo:

– Tienes razón hijo mío, no encuentro palabras para expresar los sentimientos de agradecimiento que tengo hacia Pedro. ¡Gracias a Dios fue él quien te trajo de vuelta a la luz y a mí, hijo mío!

Los miré a ambos. ¡Entonces eran padre e hijo!

Este plano espiritual nos revela tantas sorpresas.

Entonces, comenzamos nuestro entrenamiento. En unos meses pudimos asumir nuestras nuevas tareas.

Mi hijo Jonás recuperó la conciencia y fue designado para actuar junto al maestro Pedro. También se nos reveló que André era el hijo que una vez rechazó. Ambos se adaptaron y, poco a poco, nuestra familia se fue acercando. André era mi nieto espiritual.

María y yo nos comprometimos con nuestras tareas con mucho amor y disposición. Cuando regresamos a la Colonia durante nuestros encuentros espirituales, en los ratos libres que teníamos, corríamos al lago, que era nuestro rincón favorito...

Los espíritus también tienen preferencias por determinados lugares. Cuando estamos como equipo trabajando en la Tierra, de vez en cuando vamos a la playa: el maestro Pedro, André, Eduardo, Jonás, María y yo, y también otros amigos de nuestro equipo.

Jonás aun guarda en su archivo mental una atracción muy fuerte por el mar. Cada vez que vamos allí, se sumerge en las olas del mar, corre detrás de los barcos, ayuda a los pescadores a tirar de sus redes, juega con ellas y llora. Se emociona. cuando los ve subir a sus barcas temprano en la mañana.

Mantienen el mismo ritual de la época de Jonás: todos se persignan y tocan el agua antes de meter sus barcas en el mar. Jonás nos explicó que es un gesto de

respeto y educación. Por ejemplo, cuando entramos en la casa ajena, tocamos la puerta y pedimos permiso para entrar – ¡lo mismo ocurre con el mar! El mar es una casa que alberga a muchos marineros, y los hijos de las aguas, aunque sean espíritus, también quieren tocar la tierra.

Respetamos los sentimientos de Jonás, así como todos los extrañamos. María y yo, por ejemplo, siempre nos emocionamos cuando vemos un campo florido y a los agricultores cultivando la tierra. No hay manera de contener las lágrimas, pues siempre estaremos agradecidos por todo lo que nos ayudó a crecer como espíritus. Siempre que es posible, visitamos estos puntos sagrados y ayudamos a sus trabajadores encarnados. En estas visitas que hacemos a la orilla del mar, siempre me piden que cree café y pan para todos nosotros, en lo alto de la montaña, en la cabaña que sigue siendo un refugio seguro para muchos trabajadores espirituales.

Nuestro trabajo, con las gracias de Dios, fluye siempre muy bien, llegando a los puntos del planeta donde somos requeridos por los maestros, esparciendo la semilla de la misericordia de Dios en muchos corazones.

Una de nuestras mayores recompensas es ver a nuestros hermanos médicos encarnados de la mano de los doctores del gran espíritu, construyendo un mundo mejor para quienes habitan la Tierra y también para muchos que aun están por regresar.

La familia de nuestra querida Raquel, instruida por el evangelio de Jesús, trabaja de la mano con nosotros. Acogió en sus brazos a su padre biológico, quien poco a poco se recupera. Él era aquel prometido a quien un día su padre la había vendido.

Ocupados con nuestras tareas, María y yo nos quedamos un rato sin ir a la Colonia donde estamos registrados.

Nos quedamos un tiempo en una Colonia cercana a la Tierra, en una misión de rescate. Aunque instruidos y conectados con nuestros mentores diariamente, pasamos una temporada sin poder regresar. El maestro Pedro nos visitaba constantemente.

Tuvimos el honor de recibir la invitación de regresar a la Colonia, nos sorprendieron los cambios: se construyeron seis hermosas mansiones cerca del lago. Los jardines de flores con coloridas fuentes y cascadas completaron la belleza y el sabor de la ingeniería divina.

Nos quedamos asombrados. María es un espíritu alegre y juvenil. Dijo en broma:

–José, ¿quiénes serán los afortunados que vivirán en esas mansiones?

– ¡Por supuesto que no! – Respondí riendo, y agregué –. ¡Adiós a nuestros tours secretos!

Todos nos recibieron con gran alegría. El maestro Pedro me invitó a acompañarlo a la sala del mentor principal, pidiéndole a María que me esperara un momento. Me temblaban las piernas, sentí un dolor en el estómago y de repente frío: "¡Dios mío! ¿Qué pasaría ahora? Habría ganado."

¿Sé mi fecha límite? ¿Regresaría a la Tierra como encarnado?"

El maestro Pedro debió notar mi angustia sin mirarme, entonces me dijo:

– José, ya has descubierto que nadie cambia, ni siquiera muriendo varias veces en cuerpo carnal, ¿no? ¿Qué has estado haciendo en estas vidas tuyas, porque cuando decimos: "tenemos algo serio que discutir contigo" ¡Significa para ti lo mismo como un recién llegado desencarnado! Mantén la calma, muchacho, espera el momento adecuado para sufrir. Es muy divertido ver un mentor, que anima a tantas personas a no tener miedo de la vida, temblando como un niño asustado cuando recibe la llamada de su superior.

– Maestro, usted me conoce, no puedo controlar este lado emocional mío – respondí.

El Maestro Pedro se detuvo y mirándome seriamente, dijo:

– José, ¿estás perdiendo la memoria? ¿No se ha archivado tu caso?

Entramos a la sala de juntas espirituales de la Colonia y nos invitaron a sentarnos. Cubrí mi nerviosismo torciendo mis brazos. Nuestro superior tomó una carpeta y me la entregó diciendo:

– ¡Ábrelo, José! Por favor lee y ve si estás de acuerdo con todo.

Mientras leía, me quedé sin aliento. ¡No lo podía creer! Una de esas casas estaba disponible para mi familia.

Lee, porque los bonos adquiridos por el maestro Pedro le daban el derecho de elegir en quién quería invertirlos. Adquirió el derecho de construir mansiones espirituales en la Colonia, y una de ellas me fue donada. Cuando salimos de allí no podía sentir mis pies. Cuando María me vio, vino corriendo a mi encuentro.

Preocupada, preguntó:

– ¿Qué pasó, José? Te ves pálido. El maestro Pedro la invitó:

– ¿Le gustaría acompañarnos, señora?

Fuimos a ver nuestra mansión, con amplios salones amueblados, cómodos dormitorios, biblioteca y sala de música. El maestro Pedro abrió un cuarto y dijo:

– ¡Hay todo lo que necesitan para mantener esta casa en orden! Había azadas, botas, sombreros y otras tantas herramientas de granjero –. ¡Cuando no estés en el trabajo, ponte a trabajar! Para que nunca olvides los mejores momentos en los que viviste como un verdadero hombre en la Tierra, cultivando tu propio alimento. Vivirás aquí y gestionaremos tu tiempo, ajustándolo al tiempo de la Tierra.

Se acordó que en nuestra casa recibiríamos espíritus de nuestros hermanos encarnados, quienes serían enviados a nosotros cuando dormían en sus cuerpos carnales. Una de las salas fue habilitada para tal fin, para entrenamiento y ayuda a los encarnados.

Este trabajo no interferiría con nuestras tareas ya emprendidas. Nos parece maravillosa la idea: el hecho que puedas contribuir a nuestros hermanos encarnados, llevándolos a nuestra Colonia para estudiar y prepararse mejor para sus misiones carnales.

Fuimos a ver las otras mansiones – una sería ocupada por la familia de Jonás, una por la familia de Eduardo y las otras dos por la familia de otros colaboradores del maestro Pedro. Una de ellas estaba lista para recibir a Raquel y a todos los vinculados espiritualmente a ella, ya que allí viviría la familia del maestro Pedro.

Paseando por los jardines de las casonas, el maestro Pedro nos contó lo siguiente:

– José, cuando estamos encarnados en la Tierra, luchamos por adquirir una casa y brindar seguridad a nuestra familia. Aquí también existen bonos que nos otorgan estas bendiciones, pero la única diferencia es que somos conscientes que todos los hijos de Dios son nuestros hermanos y, por eso, sentimos una gran alegría al recibirlos en nuestro hogar. Todo lo que recibí en bonos espirituales lo quiero compartir con cada uno de ustedes. Espero que te guste tu nuevo hogar. Aprovecho para invitarte a que vengas a nuestra casa esta noche, ya que vamos a dar la bienvenida a algunos amigos. Cuento con la presencia de ambos.

Se despidió y se alejó. Miramos cada detalle de nuestro nuevo hogar. Las ventanas daban a lago. Una fuente con agua de colores vertió agua en una piscina llena de peces brillantes.

Por la noche, come siempre, cualquier lugar del plano espiritual inspira poesía y encantamiento. Cada noche la Luna ilumina nuestra Colonia.

María me llamó la atención, ya que debíamos pensar en nuestra ropa para ir a casa del maestro Pedro.

–¡Vamos! – Respondí.

Ella insistió en que deberíamos vestirnos con ropa de fiesta.

– Pero María, ¿si llegamos y todos los demás van vestidos informalmente?

– ¡Genial, nos reímos mucho! ¡Vamos a vestirnos! Pero pongámonos bien, por favor.

Al llegar al jardín escuchamos música y risas alegres. Pensé para mis adentros: "¡María tiene razón, es una fiesta!" Entramos al salón de fiestas, ¿y cuál fue mi sorpresa? Todos nuestros antiguos compañeros de celda estaban ahí rodeando al maestro Pedro. Cuando me vieron hubo risas y abrazos. Presenté a María y me presentaron a sus esposas e hijos.

Un amigo dijo, mirando a Pedro y María:

– ¡De hecho, ya la conocíamos, señora! José incluso nos molestó al decir tanto su nombre – y todo fue risas.

Nos quedamos hablando, escuchando música y ni siquiera notamos el paso del tiempo. Eran las dos de la madrugada cuando alguien anunció que llegarían más invitados. Se abrió la puerta y estaban Eduardo, André, Jonás, Raquel, varios pescadores y otros amigos.

Después de abrazar a Pedro durante mucho tiempo, Raquel vino a mi encuentro sonriendo:

–¡Oh! ¡Papá José! ¡Qué alegría verte por aquí! Cuando Jonás me invitó a venir, no creí que fuera posible. ¡Qué hermosa casa, papá! ¡No puedo esperar para terminar lo que todavía tengo que hacer para ser tu vecina!

– ¡Bueno, hija, sabes que debes hacer tu trabajo y hacerlo muy bien! No tengas prisa, porque es tu casa, nadie te la quitará. Además, puedes venir a visitarnos de vez en cuando.

El maestro Pedro se acercó a nosotros y, abrazando a Raquel, dijo:

–¿Puedes prestarme un poco de atención? – Los dos se abrazaron hacia el jardín.

Fuimos hasta donde estaban Jonás y un pescador amigo suyo.

El amigo miró maravillado el lago y comentó:

– ¡Viejo Jonás! ¡Qué hermoso lugar! ¿Hay peces en este lago? ¡Veo que no tienes barco! Pero eso es fácil de solucionar, hay muchos árboles por aquí. Hacemos uno, ¿no? ¡Oh! Viejo Jonás, cuánto te extrañamos. El mar no es lo mismo sin ti, ¿sabes? A veces tengo la impresión que estás en el barco con nosotros.

Y el pescador continuó:

– ¡Mira, viejo Jonás, ya puedo ver las caras de los demás pescadores cuando les diga que estuve en tu casa en el mundo de los muertos! ¡Se reirán y dirán que aprendí de ti a contar historias de pescadores! Lástima que eso no funciona para tomar algunas fotos, sino podría mostrarles lo que estoy viendo. Me gustaría ver la cara de todos.

Jonás, riendo, respondió:

– Llevas en tu mente una foto de este lugar. Haz como yo: saca las imágenes de tu mente y crea muchas historias que te ayudarán a pasar el tiempo mientras estás en el mar. Sin mencionar que esto distrae y deja dudas en todos ellos. Por cierto, Januario, ésta no es la casa de los muertos. ¿Acaso no estoy vivo?

Otro pescador se acercó a Jonás y lo llevó aparte, hablándole en voz baja:

– Doña Raquel está casada, ¡no me parece bien que esté abrazada a otro hombre! Pobre marido, ser traicionado así.

Jonás abrazó al pescador y respondió riendo:

– ¡Fernando, el cuerpo físico de Raquel yace junto a su marido carnal! Su espíritu es libre; ten en cuenta que no hay maldad ni malicia entre ellos, solo amor. Si pensáramos como encarnados, quien debería tener celos sería el maestro Pedro, pues Raquel es espiritualmente su legítima esposa. Sin embargo, ¿qué hace? Ella siempre está al lado de su marido carnal, agradeciéndole por apoyar al ser que más ama.

El pescador se rascó la cabeza y respondió:

– ¡No sé cómo me sentiría si sorprendiera a mi esposa abrazando a otra persona!

Jonás llevó al muchacho a una de las salas de relajación espiritual, un lugar preparado para atender a espíritus ansiosos; así, cuando regresan a sus cuerpos carnales, se liberan de esta enfermedad llamada celos.

Ya eran las cuatro de la mañana, Jonás llamó a los encarnados para que volvieran y les dijo a sus amigos:

– Volverán y no tendrán tiempo de recordar este sueño; ¡Tan pronto como regresen al cuerpo físico, casi será hora de levantarse! Es hora de hacerse a la mar y sacar las redes.

Se despidieron dándole las gracias. Jonás, Eduardo y André eran responsables de su transporte: los llevarían sanos y salvos a sus cuerpos carnales.

También nos despedimos de nuestros amigos y acordamos que nos veríamos más a menudo.

Fuimos a orillas del lago, nos sentamos y reflexionamos sobre el camino de nuestra vida. Sufrimos mucho y también hicimos sufrir a otras personas, pero tomamos conciencia que, ya sea en la Tierra o en el plano espiritual, somos hijos de Dios, y que

Él nunca abandona ni deja de darle oportunidades a cada uno de Sus hijos.

Nuestra historia no estaba terminada, al contrario. Estábamos empezando una nueva vida, pero esta vez mucho más equilibrada y preparada.

Entramos a nuestra casa y nos asomamos a la ventana que daba al lago. El lucero de la mañana brillaba en el cielo, iluminando las aguas. Me preguntaba cuántas Colonias espirituales estaban siendo iluminadas por él. Pensé en mis seres queridos que todavía estaban encarnados en la Tierra. Tomé la mano de María y le pregunté:

– ¿Oramos por nuestros familiares, hermanos y amigos que están del otro lado?

– Vamos – respondió ella.

Cerramos los ojos, elevamos nuestros pensamientos a Dios.

Entonces María pronunció estas palabras:

– Dios, Padre nuestro, comandante del universo, mira a nuestros hermanos que están en la Tierra, cumpliendo con sus deberes. Apóyalos a todos, brindándoles recursos y sabiduría para superar las barreras del mundo. Haz que cada uno de nosotros, espíritus, sea consciente de tu amor y de tu bondad. Permite, Padre, que también nosotros podamos cumplir con nuestros deberes.

Permanecimos en silencio. Una brisa fragante nos envolvió en una atmósfera de gran emoción. En ese momento algo dentro de mí se transformó, un sentimiento de amor divino, un deseo inmenso de estar con cada hermano. Un sentimiento que nunca imaginé que existía se apoderó de mí.

De la mano de María, con lágrimas brotando de mis ojos, ¡pude comprender verdaderamente el amor de Jesús! Mi corazón se abrió por completo, estaba dispuesto a amar a todos los hijos de Dios, sin preferencias personales ni apegos a ninguno de ellos.

– María, estoy feliz, seguro y confiado en mí mismo. Me presentaré a nuestros superiores y les pediré que me guíen para hacer lo más correcto ante Dios. Si reencarnar en la Tierra es lo mejor que puedo hacer, ¡estoy listo para asumir esta tarea que tanto me asustaba! Hoy entendí qué es el verdadero amor, ahora puedo entender el amor de Jesús por todos nosotros.

– ¡Qué bueno, querido, lo lograste! Te equilibraste contigo mismo. Amor es lo que estás sintiendo: placer, alegría y gratitud a Dios por la vida que te dio. Una vez que alcancemos este punto de alineación, estaremos listos para servir a Dios en cualquier dimensión, sin miedo, sin revueltas, sin prisas. Apruebo tu decisión de presentarte ante nuestros superiores y ponerse a disposición de Dios. Nuestros maestros de la luz podrán guiarte en lo que es mejor. Siempre estaremos juntos, encarnados o desencarnados. No es un cuerpo carnal, querido, que separa las almas.

Nos abrazamos y disfrutamos de la maravilla de la naturaleza de Dios en nuestra Colonia. Escuchamos la señal de llamada para reunirnos para orar y salimos de la mano, uniéndonos al grupo.

Cuando terminamos nuestras oraciones, le pedí a María que me esperase en el jardín. Me acerqué al maestro Pedro y le dije:

– Maestro, que siempre acompañaste mis pasos, ¿podrías acompañarme a la sala de nuestros principales mentores?

Él se rio, me abrazó y dijo:

– Claro que puedo, pero ¿qué pasó? ¿Decidiste renunciar a tu cargo? ¿Me vas a denunciar por la fiesta que hice con amigos o porque me viste abrazar a Raquel? Si es así le diré a nuestro jefe lo que vi, entre tú y María junto al lago...

– ¡Cuando llegues allí, lo sabrás! – Le respondí en broma con él.

Fuimos recibidos por nuestro mentor, quien como siempre nos recibió con mucha amabilidad y amor. Le expliqué lo que estaba sintiendo y que había acudido a él en busca de ayuda.

Se levantó y me abrazó. Vi lágrimas en tus ojos.

– Hijo amado, fuiste magnetizado por el amor de Dios.

Eres un espíritu claro e inmaculado. Tu corazón irradiaba como el Sol, que no elige dónde ni para quién brilla: su luz es para todos. Así es Jesús, amados míos, y todos nosotros, cuando seguimos sus pasos, nos convertimos en sus discípulos comprendiendo y aprendiendo a no dividir sentimientos, sino sumar y multiplicar el amor de Dios entre nuestros hermanos.

El maestro continuó hablando:

– Querido hijo, en estos momentos tu labor es sumamente importante, vital para la humanidad. Desde su última vez en la Tierra como hombre, nada más pesa en tu vida espiritual. Eres libre, porque tus deudas han sido saldadas, por eso estás ajustado y equilibrado contigo mismo. ¡Ve tu historia espiritual!

Presionó un botón y se iluminó una pantalla. Apareció mi retrato con mi nueva apariencia y debajo estaba escrito:

"*Espíritu libre.*

De ahora en adelante considerado voluntario
al servicio de la caridad."

Abracé al mentor y maestro Pedro. Respiré hondo y respondí convencido de lo que decía:

– El sufrimiento de un hombre, aceptado con alegría, le lleva a la victoria.

Todo lo que sufrí en mis vidas pasadas valió la pena, porque nada se comparaba con la riqueza que recibí: paz, libertad, poder amar y compartir con todos mis hermanos esta maravillosa riqueza que es Dios.

Y así continuamos con nuestro trabajo, realizando el intercambio entre el plano espiritual y la Tierra. Puedo asegurarles a todos que solo el amor y el trabajo son capaces de devolvernos a nuestro verdadero yo.

La vida vale la pena vivirla bajo cualquier circunstancia, ya sea en un cuerpo físico o en un cuerpo espiritual, nunca nos separamos de aquellos a quienes amamos, ya que esto es exactamente lo que el amor sostiene.

Intento hacer lo mejor que puedo para animar a mis hermanos encarnados a llevar su cruz. Jesús tomó la más pesada y alcanzó el grado más alto que jamás haya alcanzado un hombre. Esto nos anima a no renunciar a caminar sin perder la fe. Trabajamos en sintonía, hombre y espíritu, y Dios entre nosotros, lo que nos separa es solo una delicada cortina que tapa los ojos carnales, aunque a veces se abre a algunos, mostrando grandes caminos y grandes verdades.

Nada sucede por casualidad, porque la mano de Dios todo lo dirige y está sobre todas las cosas, de eso pueden estar seguros. No hay gota de rocío que caiga sobre una hoja ni hoja que caiga sin el permiso del Padre.

Creemos que nuestra humilde contribución puede ayudar a todos, especialmente a aquellos que están pasando por momentos similares a lo que yo pasé en la Tierra.

No abandonen sus hogares. No ignoren a sus hijos, dejándolos solos. No permitían que las pasiones malsanas los mantengan alejados de Dios. ¡Manténganse fuertes!

No abandones a nadie a quien amas. Cualquiera que sea tu prueba, acéptala sin rebelarte, créeme. Una encarnación en la Tierra es un momento fugaz en nuestra vida.

Una vida carnal, comparada con la grandeza del tiempo espiritual, es como salir por la mañana para trabajar y volver a casa por la noche. Si hacemos nuestro trabajo correctamente, si recorremos los caminos sin transgredir las Leyes estipuladas por Dios y la sociedad en la que vivimos, no hay nada de malo en ello, ni tendremos miedo a nuestro regreso.

Todos los seres encarnados necesitan prepararse en la Tierra para convertirse en verdaderos hombres. Estudia, lucha y trabaja para ganarte el pan honestamente. Educa a tus hijos para el mundo y para Dios. Hay millones de escuelas espirituales esperándolos, hijos encarnados. Aunque estén en la Tierra, pueden venir a planos superiores para estudiar y visitar a sus seres queridos y, así, apoyarlos a convertirse en espíritus conscientes de sus misiones.

¿Cuál es el camino para llegar a estas escuelas? ¡Fe y disciplina! Escuchen las enseñanzas de sus mentores, fomenten la oración familiar, practiquen el Evangelio de Jesús dentro y fuera de su hogar. Lean buenos libros espíritas que agreguen cosas buenas y verdaderas a sus vidas.

Roguemos a Dios que nos conceda la alegría de poder encontrarlos en nuestra escuela espiritual, que tiene las puertas abiertas a todos, como la casa del Padre fue construida para recibir a Sus hijos.

FIN

Grandes Éxitos de Zibia Gasparetto

Con más de 20 millones de títulos vendidos, la autora ha contribuido para el fortalecimiento de la literatura espiritualista en el mercado editorial y para la popularización de la espiritualidad. Conozca más éxitos de la escritora.

Romances Dictados por el Espíritu Lucius

La Fuerza de la Vida

La Verdad de cada uno

La vida sabe lo que hace

Ella confió en la vida

Entre el Amor y la Guerra

Esmeralda

Espinas del Tiempo

Lazos Eternos

Nada es por Casualidad

Nadie es de Nadie

El Abogado de Dios

El Mañana a Dios pertenece

El Amor Venció

Encuentro Inesperado

Al borde del destino

El Astuto

El Morro de las Ilusiones

¿Dónde está Teresa?

Por las puertas del Corazón

Cuando la Vida escoge

Cuando llega la Hora

Cuando es necesario volver

Abriéndose para la Vida

Sin miedo de vivir
Solo el amor lo consigue
Todos Somos Inocentes
Todo tiene su precio
Todo valió la pena
Un amor de verdad
Venciendo el pasado

Otros éxitos de Andrés Luiz Ruiz y Lucius

Trilogía El Amor Jamás te Olvida
La Fuerza de la Bondad
Bajo las Manos de la Misericordia
Despidiéndose de la Tierra
Al Final de la Última Hora
Esculpiendo su Destino
Hay Flores sobre las Piedras
Los Peñascos son de Arena

Otros éxitos de Gilvanize Balbino Pereira

Linternas del Tiempo

Los Ángeles de Jade

El Horizonte de las Alondras

Cetros Partidos

Lágrimas del Sol

Salmos de Redención

El Hombre que había vivido demasiado

Libros de Eliana Machado Coelho y Schellida

Corazones sin Destino

El Brillo de la Verdad

El Derecho de Ser Feliz

El Retorno

En el Silencio de las Pasiones

Fuerza para Recomenzar

La Certeza de la Victoria

La Conquista de la Paz

Lecciones que la Vida Ofrece

Más Fuerte que Nunca

Sin Reglas para Amar

Un Diario en el Tiempo

Un Motivo para Vivir

¡Eliana Machado Coelho y Schellida, Romances que cautivan, enseñan, conmueven y pueden cambiar tu vida!

Romances de Arandi Gomes Texeira y el Conde J.W. Rochester

El Condado de Lancaster

El Poder del Amor

El Proceso

La Pulsera de Cleopatra

La Reencarnación de una Reina

Ustedes son dioses

Libros de Marcelo Cezar y Marco Aurelio

El Amor es para los Fuertes

La Última Oportunidad

Nada es como Parece

Para Siempre Conmigo

Solo Dios lo Sabe

Tú haces el Mañana

Un Soplo de Ternura

Libros de Vera Kryzhanovskaia y JW Rochester

La Venganza del Judío

La Monja de los Casamientos

La Hija del Hechicero

La Flor del Pantano

La Ira Divina

La Leyenda del Castillo de Montignoso

La Muerte del Planeta

La Noche de San Bartolomé

La Venganza del Judío

Bienaventurados los pobres de espíritu

Cobra Capela

Dolores

Trilogía del Reino de las Sombras

De los Cielos a la Tierra

Episodios de la Vida de Tiberius

Hechizo Infernal

Herculanum

En la Frontera

Naema, la Bruja

En el Castillo de Escocia (Trilogía 2)

Nueva Era

El Elixir de la larga vida

El Faraón Mernephtah

Los Legisladores

Los Magos

El Terrible Fantasma

El Paraíso sin Adán
Romance de una Reina
Luminarias Checas
Narraciones Ocultas
La Monja de los Casamientos

Libros de Elisa Masselli
Siempre existe una razón
Nada queda sin respuesta
La vida está hecha de decisiones
La Misión de cada uno
Es necesario algo más
El Pasado no importa
El Destino en sus manos
Dios estaba con él
Cuando el pasado no pasa
Apenas comenzando

Libros de Vera Lúcia Marinzeck de Carvalho
y Patricia

Violetas en la Ventana
Viviendo en el Mundo de los Espíritus
La Casa del Escritor
El Vuelo de la Gaviota

Vera Lúcia Marinzeck de Carvalho
y Antonio Carlos

Amad a los Enemigos
Esclavo Bernardino
la Roca de los Amantes
Rosa, la tercera víctima fatal
Cautivos y Libertos
Deficiente Mental
Aquellos que Aman
Cabocla
El Ateo
El Difícil camino de las drogas
En Misión de Socorro
La Casa del Acantilado
La Gruta de las Orquídeas
La Última Cena
Morí, ¿y ahora?
Las Flores de María
Nuevamente Juntos

Libros de Mônica de Castro y Leonel

A Pesar de Todo

Con el Amor no se Juega

De Frente con la Verdad

De Todo mi Ser

Deseo

El Precio de Ser Diferente

Gemelas

Giselle, La Amante del Inquisidor

Greta

Hasta que la Vida los Separe

Impulsos del Corazón

Jurema de la Selva

La Actriz

La Fuerza del Destino

Recuerdos que el Viento Trae

Secretos del Alma

Sintiendo en la Propia Piel

World Spiritist Institute

www.ingramcontent.com/pod-product-compliance
Lightning Source LLC
LaVergne TN
LVHW041811060526
838201LV00046B/1210